결심만 하는 당신에게

결심만 하는 당신에게

최명기 지음

얼키

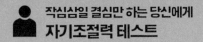

작심삼일 결심만 하는 당신에게
자기조절력 테스트

☑ 다음 문항 중 해당되는 문항에 표시해서 총점을 체크해보세요.

문항	
1. 중간에 포기하는 일이 잦다	
2. 나쁜 습관을 고치지 못한다	
3. 충동적인 편이다	
4. 쉽게 지루해진다	
5. 끈기가 부족하다	
6. 집중력이 약하다	
7. 한 가지 일을 오래하지 못한다	
8. 절제력이 부족하다 (예: SNS, 술, 담배, 게임, 쇼핑, 다이어트 등)	
9. 스트레스 받으면 쉽게 지친다	
10. 감정조절이 힘들다	
11. 계획적이지 못하다	
12. 정리정돈을 못한다	

합계 _____

9점~12점 자기조절 불능상태
7점~8점 자기조절에 심각한 문제
4점~6점 자기조절이 쉽지 않다
3점 이하 자기조절이 가능하다

🔍 자기조절이란 무엇인가요?

자기조절self-regulation은 자기 개념이 행동으로 드러나도록 실행에 옮기고 자신의 행동을 수정하거나 외부를 변화시켜 자기 개념과 개인적 목표에 합치되는 결과를 가져오는 심적, 행동적 과정입니다. 자기조절은 무분별한 행동이나 게으른 습관, 탐닉 행동, 자신이나 타인에게 해가 되는 우발적인 행동이나 습관을 개선하는 데 필요한 이론입니다.

🔍 자기조절이 안 되는 사람들의 특성

① 충동성impulsivity

어떤 일을 할 때 심사숙고하지 않고 즉흥적으로 결정하고 행동합니다. 순간적인 즐거움을 중요하게 여깁니다. 그로 인한 불이익이 있더라도 상관하지 않습니다. 미래를 대비해서 고민하지 않습니다. 미래를 위해서 꾸준히 시간을 투자하거나, 노력하거나, 저축하지 못합니다. 단기적으로 눈에 보이는 결과만 신경 씁니다.

② 단순작업simple tasks

어렵다고 생각하는 일을 하지 않으려고 합니다. 무언가 복잡해지고 골치 아프다는 생각이 들면 그만두거나 포기합니다. 편하고 쉬운 일만 하려고 합니다. 현재 능력으로 할 수 있는 일만 하려고 합니다. 노력해서 능력을 키울 생각을 하지 않습니다.

③ 위험추구risk seeking

재미있고 흥분되는 일만 하려고 합니다. 평범하고 지루한 일을 싫어합니다. 즐거움과 쾌락을 위해서 위험을 감수하고는 합니다. 남들이 겁내는 위험한 상황에서 스릴을 느끼고 좋아합니다. 위험한 일을 시도하면서 내게 있는 용기와 배짱을 테스트합니다.

④ 몸을 움직이는 성향physical activities

실내에 앉아서 책을 읽거나 생각하는 것보다 야외활동을 좋아합니다. 머리를 쓰는 일보다 몸을 쓰는 일을 선호합니다. 실내에서 꼼짝 못하고 있는 것보다 나가서 움직일 때 기분이 좋아집니다. 다른 사람보다 에너지와 활력이 지나치게 넘쳐 보입니다.

해결

건강한 자존감을 키우는, 자기조절 연습

prologue

우리는 일반적으로 나 자신을 스스로의 힘으로 조절이 가능하다고 생각한다. 그리고 아주 가끔씩만 조절이 안 된다고 착각한다. 공부를 해야 하는데 집중하지 못할 때, 일하면서 딴 짓을 할 때, 다이어트에 실패할 때, 과도한 쇼핑을 할 때, 갑자기 화를 낼 때, 별것 아닌 일에 너무 걱정할 때, 우울증에 걸려 한없이 무기력해질 때 자기조절이 안 된다고 느낀다. 그리고 조절이 잘 안 되는 그 부분만 조절하고 싶어 한다. 불필요한 혹을 떼어내듯이 그 부분만 잘라서 없애려고 하기도 한다. 하지만 육체와 달리 마음은 한 부분만 떼어낼 수 없다. 모든 부분이 연결되어 있다. 일시적으로는 억누르며 참을 수는 있지만 오래 가진 못한다. 마음을 통째로 바꿀 각오를 해야만 자기조절이 가능하다. 어쩌면 내가 가장 좋아하는 것을 포기할 때 자기조절이 가능할 수도 있다. '나'라는 그릇이 변하지 않는 한 충동은 일어나기 마련이다. 그리고 충동이 폭발하면서 자기조절에 실패하게 된다. 하지만 우리는 어느 한 부분만 바꾸고 자기조절을 하려고 한다. 결론부터 말하면 그것은 불가능하다. 지금 나의 마음의 상태를 유지하면서, 좋은 것은 좋은 것대로 하면서, 안 되는 것에 대해서만 자기조절을 하겠다는 시도는 백이면 백 전부 실패한다. 결심한 것을 이루기 위해서는 자기조절력이 필요한데, 나 스스로 변화하고자 하는 의지와 적극적인 노력이 동반되어야 한다.

열심히 해야겠다는 결심은 있는데 나태해지면서 자꾸 시험에 실패하는 분들이 있다. 공무원 시험을 비롯한 여러 시험에 매년 도전하는데 실패하는 분들이 있다. 열심히 해야 한다고 생각은 하지만 실행이 잘 되지 않는다. 그냥 열심히 공부하면 된다고 생각한다. 의지의 문제라고 생각한다. 하지만 그렇지 않다. 불안에 강한 정신력을 갖추고 계획성을 습관화시키지 않으면 실패하게 된다. 그리고 지루함을 견디는 능력도 필요하다. 일하면서 공부하는 것이 벅차다며 직장을 그만두고 공부만 하겠다고 결심하는 사람들이 있는데 대부분 실패한다. 차라리 직장을 다니면서 공부해야지 오히려 더 열심히 공부한다. 공부할 시간이 부족해 집중적으로 더 열심히 하게 되는 것이다.

나 자신을 모르는 상태에서 표면된 문제를 의지로 극복하려 해봐야 소용이 없다. 나를 파악하고 나를 받아들인 후 나에게 맞는 방식으로 공부해야 한다. 그래야 자기조절에 성공하면서 시험 준비를 제대로 할 수 있다.

흔히 운동해서 살을 빼라고들 한다. 하지만 그것은 쉽지 않은 일이다. '체중 감량을 위해 음식량을 줄이고 운동량을 늘려야 한다'라는 단순한 원칙이 변화무쌍한 상황과 변수와 심리적 상황에 의해 제대로 지켜지지 않기가 일쑤다. 어쩌면 다이어트는 나라는 사람 자체가 상당 부분 변화해야 가능한 일인 것이다. 근본적인 변화를 위해서는 목표를 이루기 위해서는 자기조절이 필요한 것이다.

'게임하는 시간을 줄여야지' 결심하는 사람들이 적지 않다. 하지만 뜻대로 안 된다. 흔히들 게임을 중단하고 그 시간에 공부를 하던지 일을 하고 싶어 한다. 하지만 자기가 제일 좋아하는 것을 줄이고 제일 싫어하는 것을 하려고 하기 때문에 대부분 실패한다. 따라서 게임을 중단하기 위해서는 게임은 아니지만 어느 정도 재미있는 것을 대신해야 한다. 그리고 게임을 많이 하는 데는 재미 말고도 나름의 이유가 있다. 게임을 통해 얻는 성취감 때문이다. 잘하는 것이 하나도 없으면 자존감 역시 낮아질 수밖에 없는데 그나마 잘한다고 여겼던 게임이란 것을 그만두면 자존감이 더 떨어진다. 게임을 그만둔다고 해서 문제가 해결되진 않는다. 그리고 은행 잔고도 없고, 차도 없고, 자기 집도 없는 경우 게임 점수가 그나마 세상을 살아가면서 내가 성취한 가장 중요한 것일 수 있다. 게임을 줄이거나 끊기 위해서는 게임을 대체할 수 있는 뭔가가 있어야 한다. 게임이 되었건, 스마트폰이 되었건, 쇼핑이 되었건, 술이 되었건, 성적 집착이 되었건 나쁜 습관을 바꾸기 위해서는 나의 삶 자체가 상당 부분 변화해야만 한다. 다른 사람으로 바뀌어야 한다. 그러기 위해서는 자기조절능력이 필요하다. 게임만 중단하기란 쉽지 않다. 게임이 더 이상 중요하지 않은 다른 사람으로 변화해야만 한다.

욱하는 성질을 고치는 것도 마찬가지다. 운전할 때만 난폭해지는 사람이 있다. 그리고 부모가 되었건, 형제가 되었건, 배우자가 되었건, 자식이 되었건 가족에게만 성질을 내는 사람도 있다. 회사에서 별 것 아닌 일로 후배에게 감정조절을 못하고 화를 내는 이도 있다. 본인도 욱하는 것을 고치고 싶다고 한다. 그런데 지금의 자아를 그대로 유지하면서 욱하는 것만 없애는 것이 가능할까? 사고방식이 바뀌기 전, 가치관이 바뀌기 전까지 욱하는 것은 줄어들지 않을 것이다. 본인은 그냥 충동적으로 화를 냈다고 주장하지만 사실은 자기 마음대로 안 되니까 화내는 것이다. 화를 내면 상대방이 무서워한다. 두려움을 이용해서 내 마음대로 상대방을 조종하려 한다. 내 생각 자체가 문제가 있다는 것, 내가 살아가는 방식 자체가 문제가 있다는 것을 인식하고, 수용하고 바꾸기 전까지 이런 욱하는 성질은 바뀌지 않는다.

음주운전 또한 고치기가 쉽지 않다. 보통 술은 마시지만 음주운전을 안 하겠다고 생각한다. 하지만 그것이 가능할까? 음주운전을 상습적으로 하는 이들을 보면 자신의 사고로 인해 누군가 다치는 것이 걱정이 되어서 음주운전을 안 하는 것이 아니다. 경찰의 음주적발에 걸리게 되면 본인이 면허정지나 면허취소 같은 불이익을 받을까봐 음주운전을 안 하는 것이다. 만약 걸리지 않을 것이라는 100% 확신만 있으면 그들은 언제든지 음주운전을 할 것이다. 따라서 걸리지 않으면 죄가 아니라는 생각이 바뀌지 않는 한 그들의 음주운전은 계속된다. 음주운전을 반복하는 이들은 보통 충동적이고 무책임한 경향이 있다.

이런 내면 깊숙한 곳의 진짜 심리, 가치관이 바뀌고 타인의 안위를 진정 신경 쓰는 마음이 키워지지 않는 한 음주운전은 계속된다. 방아쇠를 당기는 순간 총알 나가는 것이 당연하듯이 상습적으로 음주운전을 하는 이는 술을 마시는 순간 음주운전이라는 방아쇠를 당긴 것이다. 술을 끊기 위해서는 그의 사고방식과 가치관이 통째로 바뀌어야한다. 그래야 자기조절에 성공한다.

자기조절에 실패할 때 우리는 상처를 받는다. '나는 원래 이런 사람이 아닌데 왜 이랬을까' 하고 생각한다. 자기조절에 실패해서 그에 대한 대가를 치르게 되는 경우도 있다. 충동적으로 투자를 하거나 결정을 해서 경제적으로 손해를 보기도 한다. 자기조절에 실패 후 해서는 안 되는 사랑을 하기도 하고 자기조절에 실패해서 사랑하는 사람과 헤어지기도 한다. 계속 지각하고 일을 성실하게 하지 못해서 직장을 그만두기도 한다. 순간의 유혹을 이기지 못하고 법적인 문제에 휘말리기도 한다. 그럴 때마다 우리는 다시는 이러지 말아야지 생각을 한다. 하지만 결국 또다시 자기조절에 실패한다. 리모델링 수준의 전면적인 개축을 요하는 건물을 땜질만 하는 경우 잔고장이 멈추지 않듯이 말이다. 마음도 마찬가지다. 나를 불편하게 하는 부분만 살짝 손보는 것은 불가능하다. 하지만 그렇게 해서는 자기조절에 실패하게 된다. 마음의 전면적인 리모델링이 필요하다. 마음의 리모델링에는 다음 5가지 요소가 작용한다.

❶ 자기인식: 나 자신을 인식해서 내가 편안해하는 상황이 무엇인지 파악

❷ 자기수용: 나의 강점과 약점을 받아들이는 단계

❸ 자기존중: 나의 있는 모습 그대로를 부정하지 않고 존중하는 단계

❹ 자기주장: 주변 시선을 의식하지 않고 나에게 유리한 환경을 조성함

❺ 자기혁명: 나 스스로 억제했던 부분에서 해방되어 시야를 넓힐 수 있는 단계

우선 나 자신을 인식해야 자기조절이 가능하다. 불가능한 것만 시도하는 한 자기조절은 실패하기 마련이다. 그리고 할 수 있는 것을 못한다고 생각하면 점점 입지가 좁아진다. 선택의 폭이 없는 상황에서 억지로 뭔가를 하면 그 역시 자기조절에 실패한다. 그리고 모든 사람은 나에게 맞는 방식을 사용해서, 나와 어울리는 사람과 내가 편한 상

황에서 뭔가를 할 때 자기조절이 가능하다. 따라서 자기조절을 위해서는 나를 아는 것이 필수적이다.

그리고 나 자신을 수용하는 것이 필요하다. 우리가 반창고를 붙이는 데는 두 가지 이유가 있다. 반창고를 붙이지 않으면 상처가 자극받을 때마다 통증이 생기고 늦게 회복할 것이다. 하지만 반창고를 붙이는 또 다른 이유는 남들에게 상처를 감추기 위해서다. 나를 있는 그대로 수용하기 위해서는 보고 싶지 않은 나를 인정해야 한다. 안다고 해서 다 수용하게 되는 것이 아니다. 그런데 나를 수용하지 않고 계속 자기부정을 하는 경우 자기조절에 실패하게 된다. 모르던 나의 능력을 알게 되었을 때 역시 마찬가지다. 그 동안은 능력이 없다고 생각하고 시도도 하지 않으면서 살아왔다. 그런데 이제는 나에게 능력이 있다는 것을 깨닫게 되었다. 얼핏 생각하면 좋은 일이다. 하지만 안 하던 것을 하려니 두렵다. 그렇기 때문에 나는 아무 능력도 없다면서 자기부정을 하는 이들도 있다. 하지만 그렇다고 해서 마음이 편한 것은 아니다. 능력이 있음에도 하지 않는 것은 움직일 수 있지만 억지로 부동자세를 취하는 것 같기 때문이다. 따라서 하기 싫은 생각을 하게 되었건, 느끼고 싶지 않은 감정을 느끼게 되었건 심리적 갈등이 누적되면서 자기조절에 실패하게 된다.

아울러 자신을 존중할 수 있을 때 자기조절이 가능하다. 아무리 좋은 재료가 있어도 맛있게 비비지 않으면 맛이 없다. 그런데 음식을 비비기 위해서는 그릇이 필요하다. 재료에 비해서 그릇이 너무 작으면 재료가 그릇 밖으로 흘러넘치게 된다. 자존감은 마음의 그릇과 같다. 자기존중이 가능해야 자존감이 유지된다. 그래야지 인생을 살면서 일어나는 수많은 스트레스를 감당할 수 있다. 다양한 사람들을 대하면서 적절한 관계를 유지할 수 있다. 흔히 자존감이 낮아서 문제라고들 한다. 하지만 자존감에는 높고 낮음이 있는 것이 아니다. 상황에 적절한 자존감이 필요한 것이다. 나를 높여야 할 때는 스스로 높이고 나를 낮춰야 할 때는 스스로 낮출 수 있어야 한다.

자기주장을 통해서 우리는 나에게 유리한 환경을 만들어갈 수 있다. 인간은 환경에 적응하는 능력이 뛰어나다. 하지만 인간이 환경에 적응하는 방식은 다른 동물과는 다르다. 동물은 상황을 바꿀 능력이 없지만, 인간은 상황을 바꿀 수 있는 능력이 있다. 내가 힘들 때는 힘들다고 표현해야 하기 싫은 것은 싫다고 얘기할 줄 알아야 자기조절에 불리한 상황이 줄어들 수 있다. 자기주장은 자기인식, 자기수용의 수단이기도 하다. 인간은 스스로의 말과 행동을 통해서 자신을 깨닫게 되기 때문이다. 그리고 자기주장만큼 자존감을 올려주는 것은 없기에 자기주장은 자기존중의 중요한 수단이기도 한다. 하지만 자기인식, 자기수용, 자기존중이 있어야 진정한 자기주장이 가능하다는 것 역시 맞는 말이다.

자기혁명은 처음에는 눈에 보이지 않게 무의식적으로 이루어지기도 한다. 그러다 파급력이 커지는 순간이 온다. 한번 자기혁명의 변화가 터지고 나면 인생은 과거와 똑같을 수 없다. 자기혁명을 통해서 게임의 규칙을 바꾸게 되면 과거에는 억지로 자기조절을 해야 했던 부분에서 더 이상 자기조절의 필요성을 느끼지 않게 된다. 자기혁명이 일어나게 되면 과거에 자기조절이 필요하던 부분이 더 이상 자기조절을 필요로 하지 않게 된다. 그러면서 삶의 지평이 넓어지고 나는 더 커다란 목표와 관심을 갖게 되는 것이다. 이처럼 자기혁명을 통해 우리는 완전히 변화할 수 있다.

지금 우리가 살아가는 세상에서 자기조절은 단지 무언가를 절제하는 것, 단지 뭔가를 더 잘하는 것 이상의 의미를 지닌다. 여러 사회 문제들이 난무하는 세상에서 상황에 의해 감정과 내 삶이 통째로 휘둘리는 삶을 살아선 안 된다. 내가 지금 어렵다는, 불행하다는 식으로 좌절하지 말고 상황에 대한 인식을 바꾸고 다른 선택을 할 수 있어야 한다. 지금 이 시대를 살아가는데 필요한 것은 자기조절력이다.

이 책에는 자기조절에 성공 혹은 실패한 다양한 사례와 함께 부족하지만 해결 방안을 제시했다. 책의 첫 부분엔 자기조절에 대한 심리 검사를 실어서 책을 읽기 전 나를 객관적으로 평가할 수 있도록 했다. PART1에서는 나의 자존감이 얼마나 건강한지 점검해볼 수 있는 내용을 실었고, PART2에서는 내 안의 장애물을 직시하면서 과소평가나 과대평가를 피하고 올바로 나를 바라보는 방법을 제시했다. 마지막 PART3에서는 건강한 자존감을 키우는 자기조절 연습에 대한 내용을 실어 실질적으로 도움이 될 수 있는 내용을 다루었다. 책을 읽는 분들에게 조금이라도 도움이 되었으면 하는 바람에서 오랜 시간 써두었던 글을 정리했다. 그럼 즐겁게 읽어주길 바란다.

나의 자존감은
얼마나 건강할까?

마음의 고통을 무시하다보면
어떤 일이 생기는가?

날씨가 너무 더운데 폭염에 계속 노출되면 열사병에 걸리게 된다. 40도 이상의 고열, 의식의 혼미 등의 증상이 발생한다. 우리 뇌에는 '시상하부'라는 부위가 있다. 시상하부에는 체온을 유지하는 중추가 있다. 더운 상태에서 계속 일을 하거나 운동을 하면 체온 유지 중추의 기능이 마비가 된다. 더위를 인식하고 중간 중간 그늘이나 에어컨이 있는 곳에서 쉬고, 물도 마셔야 하는데 더위를 무시하다 보면 열사병이 발생하게 된다. 무기력, 어지러움, 메스꺼움, 두통, 졸림 같은 전조 증상도 발생한다. 그런데 더위도 무시하고 전조증상도 무시하다 보면 갑자기 열사병으로 이어지기도 한다. 더위를 무시하면 열사병에 걸리듯 내면의 감정을 무시하게 되면 그 역시 마음의 병으로 이어지게 된다.

그렇다면 우리는 어떻게 자신의 감정을 무시하게 되는가? 나의 감정을 무시할 때 가장 흔히 작동하는 심리기제는 억압이다. 그런데 억압repression과 억제suppression는 처음 접하게 되면 구분이 어렵다. 우선 억제는 억지로 참는 것이다. 무엇이 나를 힘들게 하는지도 안다. 어머니가 체벌을 한다면서 때리는 것이 싫다. 그래서 화가 난다. 마음속에서는 어머니에게 욕을 하고 싶다. 하지만 그것을 참는 경우 억제다. 참다 참다 못해서 물건을 집어던지거나 하면 행동화acting out라고 한다.

반면 억압은 생각 자체를 하지 않는 것이다. 예를 들어 불우한 어린 시절을 보낸 경우가 있다. 어머니는 이유 없이 화를 냈다. 화풀이를 할 때도 있었다. 어머니는 항상 짜증만 냈다. 결국 부모가 이혼을 했고, 이후 아버지 밑에서 자랐다. 그 다음부터 어머니가 자신을 괴롭힌 기억은 모두 잊어버리고 어머니를 천사 같은 사람으로 기억을 한다. 그런데 나중에 성인이 되어서 어머니를 다시 만나고 어머니의 이기적인 행동에 너무 실망을 한다. 그리고 나서 원래 어머니가 자신을 괴롭혔던 기억을 떠올린다.

억압은 현재의 상황에서도 일어난다. 남편이나 애인이 바람을 피우고 있다. 옆에서 보기에는 틀림없다. 하지만 당사자는 매우 의존적이다. 그리고 낯선 사람에 대한 두려움도 커서 새로운 사람을 만날 엄두가 나지 않는다. 더군다나 남편이나 애인이 집요하고 공격적인 경우 헤어진다고 하면 무슨 일이 생길까 두렵다. 남편이나 애인이 바람을 피울 리가 없다고 스스로 믿는다. 의심을 억지로 잠재우는 것이 아니다. 의심할 만한 상황에 대해서도 남편 혹은 애인의 말을 무조건 믿는다. 친구들이 옆에서 충고를 해도 말도 안 된다고 생각을 한다. 나중에 남편 혹은 애인 쪽에서 그만 만나자고 헤어진 후에 비로소 상대방이 바람을 피웠다는 사실을 본인은 알았다고 말을 한다. 그러면서 마치 반전이 있는 영화 속 숨은 장면이 보이면서 관객들이 속았다는 것을 깨닫듯 자신이 속은 일들이 주마등처럼 떠오른다. 사실은 그 이전부터 남편 혹은 애인이 바람을 피우고 있었다는 것을 알고 있었던 것이다. 다만 그 사실 자체를 인정하는 것이 두려워서 객관적인 증거들을 억압하고 있었던 것이다.

사실은 두려워서 못하는 것인데 싫어서 안 하는 것이라고 합리화하는 경우 역시 두려움 그 자체를 억압하고 있는 것이다. 열등감을 억압하는 경우도 있다. 어떤 사람은 사사건건 남을 무시하고 깎아내린다. 열등감 때문인데 그걸 인정하고 싶지 않다. 따라서 남을 무시하고 깎아내려서 열등한 존재로 만들어야 대등하다고 느낀다. 내면의 열등감을 억압하는 한 대인관계에서 불필요한 갈등이 계속 만들어진다.

억압을 하면 감정 자체를 느끼지 않으니 편하다. 하지만 억압을 하는 한 문제를 근본적으로 해결할 수 없다. 내가 의식하지 못하기에 괴로운 현실은 계속된다. 현실의 괴로움이 커지면 커질수록 더 많이 억압해야 한다. 더 많이 억압하다 보면 어딘가에 문제가 생긴다. 물이 끓어서 넘치려고 한다. 냄비 뚜껑 위에 돌을 올려놓으면 일시적으로는 냄비 뚜껑의 흔들림이 줄어들 것이다. 하지만 시간이 지나면 또다시 냄비 뚜껑이 들썩들썩한다. 그때 더 무거운 돌을 올려놓으면 또다시 흔들림이 줄어들 것이다. 하지만 불을 끄지 않는 한 또다시 냄비 뚜껑은 흔들린다. 결국 증기의 압력을 이기지 못하고 냄비 뚜껑과 돌이 날아가 버릴 것이다. 그 돌에 맞아서 크게 다치게 될 수 있다.

억압된 감정은 무언가 다른 방법으로 표출해야 한다. 누군가는 쇼핑을 하고, 누군가는 게임을 하고, 누군가는 술을 마시고, 누군가는 섹스를 한다. 감정을 억압하느라고 심리적 에너지를 모두 다 쏟아붓다 보면 다른 데 신경 쓸 겨를이 없다. 업무에도 집중할 수 없고, 일에도 집중할 수 없고, 사랑도 할 수 없다. 삶이 불행해진다. 모든 에너지가 소진되면 결국 지쳐 쓰러지게 된다. 적절한 억압은 필요하다. 하지만 지나치게 자신의 감정을 억압하는 경우 문제가 된다. 조금만 힘든 일이 있을 때마다 불평하는 이를 좋아할 사람은 별로 없다. 하지만 반대로 어떤 고통이 닥치더라도 무조건 참는 태도 역시 문제다.

인간이 어떤 심리적 고통을 접하게 될 때 우리의 마음에 일어나는 반응을 심리학에서는 '일반 적응 증후군General Adaptation Syndrome, GAS'

라고 표현한다. '일반' 적응 증후군 이라고 부르는 이유는 스트레스의 원인이 무엇이냐에 상관없이 극심한 스트레스에 처하면 동일한 생리적 반응 혹은 정서 반응이 일어나기 때문이다. 일반 적응 증후군은 경고, 저항, 소진의 3단계로 진행된다.

1. 경고 단계

초기 반응으로 신체는 위협에 대응, 자원을 신속하게 동원한다. 에너지가 요구되고 신체는 저장된 지방과 근육을 사용한다. 죽어라고 싸우거나 죽어라고 달아나야 하는 것을 몸이 감지하는 것이다.

맹수가 쫓아오면 극도의 흥분 속에 모든 신체적 능력을 극대화해야 한다. 심장이 두근거리고, 온 몸이 떨리고, 배도 안 고프다. 이렇기 때문에 축구선수들이 부상을 당해도 뛰듯이 스트레스를 받는 동안에는 통증을 못 느낀다. 경기를 하면서 달리는 동안은 대소변도 안 마렵다.

그런데 현대사회를 살아가면서 우리가 당하게 되는 스트레스는 사실 죽고 사는 문제는 아니다. 그럼에도 불구하고 우리 몸에서는 맹수에게 잡아먹힐지 모르던 석기시대나 칼로 베고 창으로 찌르던 중세 전쟁에서 발생하던 경고반응이 발동한다. 상사가 다그치고 욕을 한다고 해서 죽는 것은 아니다. 돈 문제로 인해서 신용불량자가 된다고 해서 죽는 것은 아니다. 하지만 GAS 경고반응이 경종을 울린다.

2. 저항 단계

신체가 스트레스의 원인에 대처하는 동안 신체의 각성 수준이 높아진다. 지방과 근육 자원을 지속적으로 사용하기 때문에 불필요한 과정 즉 소화, 성장, 성적 충동 등이 중단된다. 신체는 회복되지 못한 채 저항을 위해 혹사당하며 모든 즐거운 행동이 중단된다. 그런데 이런 저항 단계는 오래갈 수 없다. 문제는 동물의 스트레스가 기간이 짧고 시작과 끝이 명확한데 비해서, 인간의 스트레스는 반복적이고 지속된다는 점에 있다. 저항 단계가 일정 기간 이상 지속되면 몸과 마음이 버티지 못한다.

3. 소진 단계

신체의 저항이 붕괴된다. 저항 단계 동안 많은 방어들이 점차적으로 손상되고 결국에는 신체의 손상이 일어나게 된다. 소진 단계에서의 스트레스 결과는 노화, 신체 장기의 회복 불가능한 손상 혹은 사망이다. 더 이상 맞서 싸워봐야 고통만 심해진다. 포기하는 것이 낫다.

스트레스를 받고 힘들면 경고 반응이 일어난다. 그때를 무시하면 그다음에는 저항 단계로 넘어간다. 그런데 경고 반응도 무시하고 저항 단계에서도 스트레스를 무조건 무시하는 이들이 적지 않다. 어떻게 생각하면 목숨이 경각에 달린 일이 아닌데 목숨이 경각에 달린 것처럼 반응이 보이는 것이 이상한 일일 수도 있다. 하지만 몸의 이상

현상에 대해 가볍게 여기고 넘어갔다가는 크게 건강을 해칠 수 있음을 유의하자. 마음의 병이 육체를 망가뜨릴 수 있다.

현대사회에서 스트레스의 원인은 석시시대와 다르다. 하지만 굶주림에 시달리던 석기시대에 밥을 언제 또 먹을지 몰라서 한번 먹을 때 배터지게 먹듯이 지금도 우리는 맛있는 음식을 보면 실컷 먹는 점은 비슷한 것 같다. 우리는 과잉 시대에 살고 있다. 우리 몸이 버티기 힘겨울 만큼 과잉으로 먹고 마시는 지금도 석기시대 같은 상태라고 할 수 있겠다. 풍요로운데도 불구하고 우리 몸은 아직도 석기시대의 본능대로 먹고 마시는 것을 보면 우리 몸은 현대사회에 아직 적응하지 못했다. 우리 뇌 또한 마찬가지다. 시대적인 스트레스에 적응하지 못하고 있다. 논리적으로는 죽고 사는 일이 아니다. 하지만 우리 몸과 마음은 스트레스를 받을 때마다 죽고 싶을 정도로 고통 받기도 한다. 그것을 인식하지 못하고 계속 억압하다 보면 경고 단계, 저항 단계를 건너뛰고 바로 소진 단계로 돌입할 수 있다.

tip ··· 자기조절 잘하는 법

1. 감정을 무시하거나 억압하는 건 근본적인 문제 해결법이 아니다.
2. 감정을 억누르고 있었다면 반드시 다른 방법으로 표출해야 한다.
3. 스트레스를 받았는데 무시하면 마음에 병이 생길 수 있으니 조심하자.

자기주도적인 나 VS
타인주도적인 나

자기주도적인 삶을 위해서는 예상치 못한 성공보다 예상한 성공, 예상치 못한 실패보다는 예상한 실패를 하는 편이 안전하다. 내가 예상한 것 이상의 돈을 벌면 횡재한 기분이 들 것이다. 예를 들어 1,000만 원을 벌 것이라고 예상했는데 1억 원을 벌면 매우 기쁠 것이다. 그러나 불안도 찾아올 것이다. 1,000만 원을 벌 것이라고 생각했는데 1,000만 원을 벌면 안정감을 느낀다. 실패할 때도 마찬가지다. 예상한 만큼 실패하면 대처가 가능하다. 하지만 예상 이상의 실패는 우리를 불안하게 만든다. 통제가 되지 않기 때문이다. 만약에 누군가 실패를 의도하고 일부러 실패한다면 그것은 더 이상 실패라고 할 수가 없다. 자기조절이 가능하기 위해서는 자신이 삶을 주도해야 한다. 자신이 결과에 영향을 미치지 못하고 끌려다니게 되면 자기조절이 불가능하다. 1년에 비행기 사고로 사망하는 수와 자동차 사고로 사망하는 수를 비교하면 자동차 사고로 사망하는 수가 월등히 많다. 비율로 따져도 마찬가지다. 비행기 사고로 사망할 확률과 자동차 사고로 사망할 확률을 계산하면 자동차 사고로 사망할 확률이 월등히 높다. 하지만 사람들은 비행기 타기를 더 두려워한다. 자동차는 내가 핸들을 잡을 수 있기에 안심이 되는 것이다. 갑자기 돌발 상황이 발생하더라도 내가 대처할 수 있다고 생각한다. 그리고 사람들은 자신의 운전 실력을 과대평가하는 경향이 있다. 나는 예외라고 생각한다. 나만 잘하면 피할 수 있다고 생각한다. 하지만 비행기를 탈 때는 내가 할 수 있는 부분이 아무 것도 없다. 비행기는 조종사가 모든 것을 좌우한다. 자동차는 고장이 나서 엔진이 멈추면 갓길에 세우고 보험회사에 전화를 하면 된다. 그런데 비행기는 그럴 수 없다. 그냥 추락하는 것밖에 방법이 없다. 그래서 사람들은 비행기가 자동차보다 더 위험하다고 인식한다.

스트레스를 받을 때도 그렇다. 똑같은 스트레스라도 내가 통제할 수 있는 여지가 있다고 믿을 때와 아무 것도 할 수 있는 것이 없다고 생각될 때를 비교하면 주관적 느낌은 천지차이다. 그래서 실제 연구에 따르면 직급이 낮을수록 스트레스가 증가하는 경향이 있다고 한다. 자신이 결정할 수 있는 것이 없기 때문이다. 자기 통제 불능이라고 느끼면 스트레스는 더하다. 잘못한 것도 없이 중간에 끼어서 고생하는 경우는 더더욱 견디기 힘들다. 그런데 과연 인간만 그러할까? 미국 프린스턴 대학교 제니 알트만 교수는 9년간 케냐의 수컷 개코원숭이 125마리의 배설물을 수거해서 스트레스 호르몬을 분석했다. 스트레스에 관여하는 스테로이드 호르몬 수치는 가장 서열이 낮은 원숭이가 제일 높았다.

인간도 마찬가지다. 사장들은 자신이 가장 괴로운 것처럼 말한다. 그런데 그렇지 않다. 프랑스 은행에서 직원들을 상대로 시행한 스트레스에 대한 연구 결과에 따르면 단순직종에 종사하고 지위가 낮을수록 스트레스는 심했다. 상사의 압력을 받으면서 본인의 의지대로 할 수 있는 영역이 좁기 때문이다. 권한은 없고 책임만 지는 상황처럼 고통스러운 것이 없다. 반면 CEO들은 결정할 수 있는 위치에 있다. 본인들은 결정하는 위치에 있기 때문에 더 스트레스를 받는다고 생각하지만 사실은 결정할 수 있기에 스트레스를 덜 받는 점을 간과할 수 없다.

따라서 우리가 주도적으로 살지 못하는 상태에서는 자기조절이 어렵다. 위에서는 누르고 아래에서는 밀치고 올라오는데 자기조절을 하기란 쉽지 않다. 남이 나한테 뭔가를 요구하면 할수록, 누군가에게 통제받으면 받을수록 자기조절은 점점 힘들어진다. 따라서 자기주도성은 자기조절을 위해서 필수적이다. 내가 정한 대로 살아가면 자기주도가 용이하다. 하지만 남이 정한 대로 살다 보면 타인주도적으로 살아갈 수밖에 없다.

마찬가지로 자기조절이 되지 않으면 자기주도는 쉽지 않다. 자기조절이 되지 않으면 마음이 이랬다저랬다 한다. 의욕적일 때는 지나치게 의욕적이고 무기력할 때는 한없이 무기력하다. 누가 이런 사람을 믿고 의지하겠는가? 너무 고집이 센 경우 사람들이 그를 피하게 된다. 자기주도적으로 살고 싶어도 나를 따르는 사람이 없다. 나 혼자 자꾸 벽에 부딪힌다. 결국 세상이 내 뜻대로 돌아가지 않고 자기주도적으로 살기 어려워진다. 자기주도가 없이는 자기조절이 안 되고, 자기주도가 안 되면 자기조절이 불가능하다.

 ·· 자기조절 잘하는 법

1. 예상 범주를 넘어서는 성공과 실패는 우릴 더욱 불안하게 만든다.
2. 남이 정한대로 살다보면 자기주도적으로 살아갈 힘을 잃게 된다.
3. 스스로 위축되지 말고, 적극적이고 의욕적으로 내 의견을 내보자.

나 스스로를 가두는
강박이라는 감옥

요새는 다양한 예능 프로그램에서 먹방(먹는 방송)이 대세다. 본인만의 요리 방법을 만들어 장인정신으로 꼼꼼하게 음식을 조리하는 모습을 보면 존경스럽다. 하지만 가끔은 꼭 저렇게까지 해야 하나 싶은 생각도 든다. 장시간을 요하는 복잡한 조리 과정을 거쳐서 음식을 만드는 것은 정성이다. 타협하지 않는 태도다. 하지만 다르게 생각하면 타협하지 못하는 것일 수도 있다. 너무 꼼꼼하게 자신만의 방식을 고수하는 것이 먹는 이들에게는 축복이지만 음식을 만드는 이에게는 너무나 힘든 노동일 수 있다.

진짜 생활의 달인이 있다고 가정해보자. 남들이 보기에는 저렇게까지 할 필요가 없는데 저들은 마치 달인이나 장인이 하듯 자신의 방식을 고집스레 고수한다. 달인은 노력을 해서 맛있는 음식을 만들고 세상에 좋은 영향을 전한다. 하지만 정작 달인도 아닌데 음식을 만들때 달인처럼 엄격하고 깐깐하게 모든 과정을 진행하려고 하면 자기 자신도 피곤하고 남도 피곤할 수 있다. 일상에서 완벽하지 않아도 되는 일에 완벽을 추구한다. 이미 더 이상 깨끗하지 않아도 될 거울을 계속 닦고 또 닦는 것과 같다.

L씨는 승진 후 더 바빠졌다. 해도 해도 일이 끝이 없어서 일요일에도 회사에 나와 일을 했다. L씨는 남에게 일을 맡기지 못하는 성격이다. 차라리 자신이 해야 마음이 편하다. 그래서 부하직원들에게 일을 맡긴 후 일일이 확인하고 간섭하다 보니 일이 더 늘어나게 되었다. 그리고 거절을 하지 못한다. 윗사람이 일을 시키면 아무리 바쁘더라도 일단 일을 맡게 된다. 눈 밖에 날까 두렵다. 그러다 보니 아랫사람들의 불만이 커졌다. 그래서 아랫사람들이 싫어할 것 같으면 자신이 일을 한다. 보통 마감시간보다 2, 3일은 먼저 일을 끝내야 마음이 편하다. 누군가에게 일을 시키면 계속 재촉하게 된다. 마감일에 맞춰서 제출하겠다고 하는 직원들이 이해가 안 된다. 일이 잘못되면 수정할 시간이 없기 때문이다. 그런데 일부 직원들은 미리 일을 해도 끝없이 수정을 시킬 것이 뻔하기 때문에 L씨가 일을 시키면 일부러 마지막 날이 되어야 과제를 제출한다는 얘기를 듣고 L씨는 너무 화가 났다. 그

리고 일이 많다고 하면 일을 사서 만드는 L씨의 잘못이 크다라고 하면서 L씨 편을 들어주는 사람은 아무도 없다.

일중독을 불러일으키는 가장 흔한 감정은 흔히 '욕망'이라고 생각한다. 성공에 대한 욕망이 일중독을 만든다는 것이다. 하지만 욕망에 못지않게 중요한 것이 불안과 강박이다. 불안한 사람은 걱정이 꼬리에 꼬리를 물고 이어진다. 마감 직전에 무슨 일이 생길지 모른다는 생각에 마감일보다 일찍 일을 끝내야 한다. 상사가 뭐라고 할까 두렵기 때문에 힘들다는 말을 꺼내지 못한다. 무리한 일이라도 안 한다고 하면 불이익을 당할까 걱정한다. 그러면서 아랫사람에게 일을 시키지도 못한다. 아랫사람이 조금만 힘들다고 하면 미움을 받을까 걱정이 되어서 자기가 하고 만다. 이렇게 불안한 사람은 일이 줄지 않는다. 아무리 열심히 해도 해결이 되지 않는다. 열심히 하나의 일을 마치면 또 다른 일을 하게 된다. 따라서 불안 자체를 해결해야 일중독에서 벗어날 수 있다. 일중독자는 자신에게도 이유가 있다고 합리화하고는 한다. 하지만 자신의 불안 자체를 깨닫고 조절해야 일이 줄어든다. 그렇지 않으면 아무리 일을 해도 일이 줄지 않는다.

일중독인 사람들 중 상당수는 강박적인 성향이 있다. 아마도 이들은 학창시절에 거의 모든 색의 형광펜과 볼펜을 사용해서 완벽하게 노트를 만들었을 것이다. 그런데 노트를 막상 만들기만 할 뿐 외우지는 못하고 시험장에 들어간다. 프레젠테이션을 준비할 때 파워포인트

글씨의 크기, 폰트, 사진의 위치, 표의 모양 등에 집착을 해서 밤새도록 바꾸고 또 바꾼다. 고치고 또 고치면서 날밤을 새운다. 하지만 막상 발표를 평가하는 이는 발표 내용에 중점을 둘 뿐이다. 본인도 이럴 필요까지 없다는 것을 알고 있다. 하지만 멈출 수 없다. 일을 할 때는 자신에게 익숙한 방식대로 해야만 한다. 더 빨리할 수 있는 방법이 있어도 대강 대강해서는 안 된다고 하면서 자신의 방식을 고수한다. 남에게 일을 시킬 때도 마찬가지다. 결과보다 과정에 집착을 한다. 이렇게 해야만 한다고 일하는 방식을 지시하는데 상대방의 입장에서는 납득이 가지 않는다. 상대방이 제대로 된 결과물을 내더라도 제대로 일을 하지 않았다고 불만을 갖기도 한다. 강박적인 성격이 있는 경우 완벽주의 성향을 갖고 있다. 세부적인 것에 집착하느라 막상 일을 제때 끝마치지 못하는 경우도 있다. 이런 경우 일중독에서 벗어나기 위해서는 강박적인 성향을 줄여야만 한다.

이런 사람이 상사가 되면 골치 아프기 짝이 없다. 보고서를 제출하면 글씨 하나 토씨 하나 틀린 것을 문제로 삼는다. 더 좋은 일하는 방식이 있어도 자신의 방식을 고집한다. 아무리 결과가 좋아도 본인의 방식대로 일하지 않으면 못마땅하게 여긴다.

이런 경우를 '강박적 성격장애compulsive personality disorder'라고 한다. 지나치게 꼼꼼해서 문제다. 자신만의 방식을 고수한다. 정해진 규칙이나 매뉴얼이 있어야만 한다. 혼란스러운 것을 견디지 못한다. 정리가 되지 않으면 안 된다. 자신의 방식을 타인에게 강요하다보니 그 과정에서 갈등이 발생하기도 한다.

무조건 절제해야 한다는 강박에 빠지면 절제하지 않아도 될 곳에서 절제한다. 노래방에서도 흐트러진 모습을 보이면 안 된다. 일을 하면서 하나도 실수하면 안 된다. 남에게 맡겨도 될 일을 맡기지 못한다. 그들은 절제를 하면서 자신이 상황을 주도한다고 생각한다. 하지만 그렇지 않다. 그들이 절제하면 할수록 그들은 자신을 더 단단한 감옥에 가둘 뿐이다. TV 속 음식의 달인들을 보면 측은한 마음이 드는 이유이기도 하다. 달인들은 자신들의 방식대로 일을 한다. 소스를 만들기 위해 헤아릴 수 없이 많은 과정을 반복한다. 참으로 대단하다는 생각이 든다. 그런데 달인이 되는 데는 강박적인 면이 상당 부분 작용한다. 남과 다르게 해야 내가 주도할 수 있다고 생각한다. 모든 재료를 자신이 만들어야 한다. 그러면서 아주 복잡한 레시피를 개발한다. 사람들은 그 식당의 오묘한 맛이 그 레시피에서 비롯된다고 생각한다. 하지만 과연 그런 것일까? 사람들이 그 미세한 맛을 알아차릴 수 있을까? 그들은 기존의 재료를 사서 음식을 만들지 않는다고 스스로를 자랑스러워한다. 하지만 어쩌면 기존의 재료가 그들이 직접 만드는 재료만큼 맛있을 수도 있다. 자신만의 방법을 고집하면서 그들은 본인이 자기주도적인 삶을 산다고 생각한다. 하지만 과연 그럴까? 국물을 만들기 위한 재료를 만들기 위해 국물을 만든다. 국물을 만들기 위한 재료를 만들기 위해서 또다시 국물을 만든다. 계속 이 과정을 반복하며 하루 종일 국물을 만들다 하루가 끝나고 삶이 끝난다. 그렇게 본인을 음식 감옥에 가두는 것이다. 그리고 감옥에 갇힌 자신을 특별한 사람이라고 자랑스러워한다. 하지만 그렇지 않다. 때로는 자신이 주도하는 삶을 살기 위해서는 자신의 감옥을 스스로 무너뜨려야만 한다. 이분들은 자신이 하던 방식대로 강박적으로 완벽주의적으로 할수록 자신이 더 자기주도적으로 산다고 생각한다. 하지만 그러면 그럴수록 자신의 감옥을 더 튼튼하게 만드는 셈이다. 그러면 그럴수록 자기 무덤을 더 깊이 파는 셈이다.

 tip ·· 자기조절 잘 하는 법

1. 일중독 이면엔 불안과 강박이 내재되어 있으니 스스로를 잘 돌아봐야 한다.

2. 무조건 절제하는 것도 오히려 더 스스로를 감옥에 가두는 일일 수 있다.

3. 완벽주의도 스스로를 감옥에 가두는 것이니 완벽주의 강박에서 벗어나도록 하자.

자존감이 높아서
노력하지 않는 사람

자존감이 높은 사람 중에는 자신이 잘났다고 믿는 나머지 노력하지 않는 경우가 있다. 반면 자존감이 낮은 사람은 자신이 못났고 부족하다고 생각하기 때문에 계속해서 노력한다. 자존감이 높은 사람은 뭔가에 실패했을 때 온전히 인정하지 못한다. 성공한 이들에 대해 폄하하면서 막연히 자신이 저 위치에 있어야 한다고 당연하게 생각한다. 자존감이 낮은 이들은 자신의 실패를 받아들인다. 그리고 다음에 더 잘하기 위해서 노력한다. 자존감이 높은 이들은 실력에 비해서 자신이 푸대접 받는다고 생각한다. 자신이 원하는 대우를 받지 못하면 회사를 욕한다. 그리고 오래 회사를 다니지 못한다. 이따위 회사 언제든지 때려치운다는 말을 입에 달고 산다. 그러다 보니 회사 생활이 원만하지 않다. 해고를 당하기도 한다. 하지만 자기가 잘못했다는 생각은 하지 않는다. 자존감이 낮은 이들은 자신이 실력에 맞는 대접을 받는다고 생각한다. 인정받기 위해서 노력한다. 주위에 무리한 요구를 하지 않는다. 그래서 주변과의 갈등도 없고 회사생활도 원만하다. 자존감이 높아야 성공한다고들 한다. 하지만 주변을 보면 자존감이 낮아서 성공한 이들도 적지 않다. 자존감이 높은 이들은 조금만 잘 나가면 우쭐해한다. 자존감이 낮은 이들은 성공하면 할수록 더 겸손해진다. 자존감이 높은 것이 꼭 좋은 것만은 아니다. 자존감이 낮은 것이 꼭 나쁜 것만은 아니다.

지나친 자존감: 자기애성 인격장애

지나친 자존감의 대표적 질환이 '자기애성 인격장애'다. 청소년기부터 변함 없이 근자감(근거 없는 자신감)으로 살아가는 이들은 자기애성 인격장애일 가능성이 있다. 자기애성 인격장애 환자들은 스스로에 대해 뭔가 대단한 일을 할 능력이 있다고 생각한다. 그렇기 때문에 시시하고 별 볼 일 없는 일에는 만족하지 못한다. 그런데 주위에서 보기에는 그렇지 않다. 제대로 된 경력도 없고, 객관적으로 입증할 만한 자격을 갖추지도 못했다. 하지만 자기애성 인격장애 환자들은 막상 하면 다 할 수 있다고 근거 없이 주장하고는 한다. 본인에게 기회가 주어지면 무조건 성공할 수 있다고 주장한다. 자신에게는 단지 기회가 주어지지 않았을 뿐이라고 한다. 기회가 주어졌는데 실패했을 경우에도 실패를 인정하지 못한다. 주위에서 제대로 밀어주지 않아서 실패했다고 한다. 그저 운이 나빴다고 하거나 누군가 자신의 일을 망쳤다고 생각한다. 잘못을 인정하는 법이 없다. 하지만 이들은 엄청난 성공, 권력, 명성에 대한 환상에서 벗어나지 못한다. 누군가를 사귈 때도 본인은 대단히 아름답고 유명한 이와 만나야 한다고 생각한다. 본인의 외모에 대해서도 과대평가를 하고는 한다. 흔히 말하는 공주병 혹은 왕자병이다. 자신이 평범한 사람들과는 다른 매우 특별한 존재라는 생각에서 벗어나지 못하는 것이다. 그래서 저명한 사람, 유명한 사람만 자신을 이해할 수 있다고 생각한다. 그래서 자기애성 인격장애 환자들은 "누구도 잘 안다, 누구도 잘 안다"라고 하면서 높은 사람들 혹은 유명인사와 자신이 잘 아는 사이라고 주장한다. 얼굴만 한번 본 사이인데 매일 만나는 것처럼 과장되게 얘기한다. 건너 건너 아는 사이인데 절친인 것처럼 주장한다. 자신은 아무하고나 일할 수 없다고 생각하고 아무데서나 일할 수 없다고 생각한다. 누구나 알만한 곳에서 꽤 높은 지위로 일하는 것이 자신에게 어울린다고 생각한다. 자신의 진가를 알아주는 사람이 없다고 주장한다. 그러다 보니 거만하고 잘난 척하기 일쑤다. 반면 조금만 무시당했다고 생각이 들면 화를 낸다. 특권의식에 사로잡혀 특별대우를 요구한다. 특별한 대접을 받지 못하면 자신을 무시한다고 착각한다. 자신을 존경하는 태도를 보이도록 지나칠 정도로 주위에 요구한다. 그러면서 갑질을 일삼는다.

또다른 특징은 남을 배려하지 않고 이용하며 동정심도 없다. 자기가 세상에서 제일 중요하다고 생각하면서 남이 자신을 위해서 희생하는 것을 당연하게 여긴다. 누군가를 이용한 것에 대해서 책임지지 않으려 한다. 누군가를 이용해 놓고는 "그 녀석은 내가 아니라 다른 누군가에게도 어차피 이용당했을 거야"라고 하면서 "차라리 나한테 이용당한 것을 다행으로 여겨야 해"라고 주장하기도 한다. 이러다보니 대인관계가 좋을 수가 없다. 주변에서 "너 인생 그렇게 사는 것 아니다!"라고 충고하면 다 자신을 부러워하고 시기하고 질투하기 때문에 그러는 것이라고 생각하면서 충고를 무시한다. 자신의 행동으로 인해서 합당한 책임을 질 때도 본인은 억울하다고 하면서 누군가 자신을 시기 질투해서 모함을 한 것이라고 주장한다. 그런데 진짜 웃긴 것은 자기애성 인격장애 환자 중에서 자신은 자존감이 낮아서 문제라고 착각하는 이들이 있다는 것이다.

사실 많은 경우 자존감이 낮아서 문제라고 얘기하는 분들의 상당수는 여전히 자신에 대해서 너무 높은 평가를 하고 있다는 것이 진짜 문제다. 내가 실력이 없어서 야단을 맞는 상황에 직면해 있다고 가정해보자. 그럴 때 자존감이 낮은 사람은 상황을 있는 그대로 받아들인다.

'내가 실력이 없나 보다' 하고 더 노력한다. 그런데 자존감이 지나치게 높은 사람은 상황을 있는 그대로 받아들이지 못한다. 이따위 대접을 받고 여기에 있어야 하나 자괴감에 빠진다. 그러다 보니 자신이 자존감이 너무 낮아서 이런 대접을 받으면서 참는 것 같다고 착각한다. 하지만 과연 문제는 무엇일까? 그 혹은 그녀의 자존감이 너무 높아서 문제인 것일까, 아니면 자존감이 너무 낮아서 문제인 것일까? 자존감을 낮춰야 할 때 낮추고 싶어 하지 않는 것, 즉 자존감에 대한 자기조절 능력이 부족하다는 것이 가장 근본적인 문제다.

	잘해서 칭찬 받는다	실수해서 야단 맞는다
자존감 높은 사람	당연하지. 더 칭찬 받아야 하는데 왜 이 정도만 칭찬하는 걸까? 멋진 내가 참는다.	이런 대접 받으며 살아야 하나.
자존감 낮은 사람	고맙다. 다음에 더 열심히 해야지.	내가 피해를 끼쳤구나. 너무 미안하다. 다음에는 더 잘해야지.

　사실 가장 완벽한 자존감은 상황에 맞춰서 조절되는 자존감이다. 낮아져 있을 때는 올리고 너무 높아져 있을 때는 낮출 수 있어야 진짜 자존감이다. 항상 자존감을 높게 유지하는 것도 문제고, 항상 자존감이 낮은 상태여서도 안 된다. 필요할 때 필요한 만큼 자존감 창고에서 자존감을 끌어낼 수 있어야 한다. 누군가 근거 없이 나를 무시할 때는

표현은 안 해도 마음속에서 분노할 정도의 자존감은 항상 유지해야 한다. 하지만 누군가 이유가 있어서 어떤 결정을 했고, 그 결정으로 인해서 내가 불이익을 받았을 때는 있는 그대로 현실을 인정해야 한다. 그러기 위해 때로는 자존심을 내려놓을 수 있어야 한다.

우리의 신체는 체온을 항상 일정하게 정상 범위로 유지하고자 한다. 체온이 조금 올라갈 때도 있고 낮아질 때도 있다. 하지만 정상 범위에서 벗어나면 안 된다. 심장박동 수도 그렇고, 호흡수도 그렇고, 전해질 수치도 그렇다. 자존감 역시 마찬가지다. 무조건 자존심을 굽히고 살다보면 몸과 마음이 병이 든다. 하지만 무조건 자존심만 내세우다 보면 사람들과 충돌하면서 인생이 망가진다. 끌어올려야 할 때는 자존감을 끌어올리고, 끌어내려야 할 때는 자존감을 끌어내리기 위해서 노력하도록 하자.

 자기조절 잘하는 법

1. 자존감이 낮은 것이 꼭 나쁘지만은 않고, 자존감이 높다고 꼭 좋지만도 않다.
2. 자존감이 높다고 스스로 노력하지 않고 현실을 올바로 직시하지 못할 수 있다.
3. 상황 따라 자존감 조절이 된다면 진짜 건강한 자존감이라 할 수 있다.

게임이 자존감을 유지하는데
도움이 된다면?

상담을 하다보면 자녀가 게임을 너무 많이 한다면서 게임중독을 걱정하며 찾아오는 분들이 적지 않다. 그런데 아이가 되었건 성인이 되었건 게임을 하는 데는 나름 이유가 있다. 그리고 게임을 하는 가장 중요한 이유는 자존감을 회복할 수 있기 때문이다.

인간은 누구나 내가 잘하는 것이 하나쯤 있어야 한다. 아주 잘하는 것은 아니더라도 노력하는 만큼 뭔가 보상이 주어질 때 자존감이 상승한다. 게임은 노력하는 만큼 보상이 주어진다. 아이들은 게임을 열심히 하면 나름 보답이 오는 반면 공부는 아무리 열심히 해도 소용이 없다고 느낀다. 인간은 노력과 결과 사이에 연관성이 분명할 때 그 일을 열심히 하게 된다. 그런데 아이들에게는 공부하라고 하지만 막상 부모들 자신도 무언가 새로운 것을 익히기 위해서 억지로 외우는 것은 질색하는 것이 현실이다. 공부 능력에도 개인 차이가 존재한다. 그 능력 차이를 노력으로 극복해서 우등생이 되라고 강요하는 것은 키가 160cm도 안 되는 사람에게 열심히 노력해서 덩크슛을 성공하라고 강요하는 것과 같다. 하지만 게임은 대중을 위해서 존재한다. 평균적인 게임 이용자들이 만족을 느끼고 도전할만하다고 생각하게끔 만들어진다. 인터넷 게임의 경우 정도의 차이는 있지만 많은 시간을 투자하면 그에 상응해서 레벨이 올라간다. 새로운 무기를 사용할 수 있게 되고 자신이 선택한 캐릭터도 더욱 풍성하게 꾸밀 수 있다. 캐릭터의 능력치도 올라간다. 너무 난이도가 높아서 일부 게임 마니아들만 재미를 느낄 수 있다면 그 게임은 상업적으로 실패한 것이다. 너무 난이도가 낮아서 대다수가 시시하다는 느낌을 받게 되면 그 역시 실패한 것이다. 게임이 상업적으로 성공하기 위해서는 이겼을 때 최선을 다해 승리했다는 보람을 느끼게 해야 하고 졌을 때 조금만 더 잘했으면 하는 아쉬움을 갖도록 해야 한다. 그래야 포기하지 않고 또다시 게임을 하게 된다. '조금만 더 노력하면, 작은 운만 따라주면 이번에는 이길 수 있다'라고 생각하며 또다시 게임을 하게 된다. 공부에 재능이 없는 경우 아무리 억지로 자리에 앉아 있어도 성적은 오르지 않는다. 하지만 게임은 노력하는 만큼 보답이 있으니 아이들에게 있어서 게임은 공부보다 정직하게 느껴진다. 과거에는 "노력하는 만큼 성공한다, 꿈은 이루어진다"라는 말이 통하던 때가 있었다. 하지만 지금은 세상이 그렇지 않다. 아무리 노력해도 삶이 뒷걸음질 칠 때 게임은 적어도 내가 노력하는 만큼 잘 할 수 있다는 느낌을 준다. 옆에서 보기에는 게임만 하느라고 시간을 낭비하는 것 같다. 하지만 당사자의 생각은 다르다. 게임을 하면서 자존감을 회복하는 것이다.

게임은 자존감을 유지하는 도구

사람이 가장 자존감이 낮아질 때가 경쟁에서 뒤처질 때다. 자존감을 회복하기 위해서는 누군가를 이겨야 한다. 그런데 현실에서는 도대체 내가 이길 수 있는 것이 없다. 그럴 때 게임을 하게 된다. 승부욕도 게임을 하게 만드는 심리적 요소 중 하나다. 가상세계이기는 하지만 게임에서는 적을 죽이지 않으면 내가 죽게 된다. 게임에 감정 이입이 되면 게임 속 상대방을 죽이고 점수가 올라갈 때 내가 현실 세계에서 이긴 것 같은 통쾌함을 느끼기도 한다. 이와 같이 절대 점수에 못지않게 중요한 것이 등수다. 어려서부터 공부를 통해 남을 이겨야 한다고 귀가 따갑게 들어온 이들은, 게임을 할 때도 경쟁상대를 생각하고 경계한다. 그 경쟁상대는 같은 학교 동료, 동네 친구같이 아는 경우도 있고 내가 모르는 온라인상의 누군가일 수도 있다. 그래서 학교에서건, 직장에서건, 가정에서건 굴욕을 당하게 되면 게임을 더 열심히 하게 된다. 옆에서 보기에는 허구한 날 게임만 하니 패배자가 되는 것 같다. 하지만 당사자의 생각은 다르다. 그나마 게임을 통해서 심리적 보상을 받으니 살아갈만한 것이다.

게임을 자존감을 유지하는 도구이기도 하다. 공부는 아무리 열심히 해도 상위에 해당되는 극히 일부의 학생들만 잘 한다는 말을 듣는다. 40명 중에서 19등을 하면 평균보다 잘하는 학생이다. 하지만 40명 중 19등인 아이를 보고 공부를 잘 한다고 얘기하는 부모는 없다. 내가 아무리 열심히 공부해도 다른 아이들도 다 열심히 하는 경우 절대 성적이 올라도 등수는 오히려 떨어지게 된다. 칭찬은커녕 야단만 맞는다. 그런데 게임의 레벨이 높으면 아이들 사이에서는 나름 인정을 받을 수도 있다. 본인이 잘하는 것이 게임 밖에 없다고 생각하는 아이일수록 게임에 대한 집착이 더욱 강하다. 게임 아이템을 많이 보유한 것으로 자아존중감을 유지하기도 한다. 가장 강해지기 위해서는 더욱 강한 무기가 필요하고 그렇기 때문에 현질(현금 결제)을 하게 되는 것이다. 어른들도 마찬가지다. 사람이 가장 괴로울 때가 일이 뜻대로 풀리지 않고 내리막길을 걸을 때다. 인생을 살다보면 10점 차이로 뒤지는 경기에서 공을 던지는 투수처럼 마음이 괴로울 때가 있다. 그럴 때 자존감은 바닥으로 떨어진다. 그럴 때 자존감을 유지해줄 도구는 게임 밖에 없다고 여긴다.

사람들은 게임이 사회성을 저하시키고 개개인을 외톨이, 왕따로 만든다고 생각한다. 하지만 게임을 하는 아이들끼리 인터넷에서 모임을 만들기도 하거나 게임을 하면서 채팅을 하기도 한다. 그런데 게임으로 인해 이들이 실제로 사람을 만나지 않게 되는 것일까? 아니다. 대부분의 경우 친구들을 만나기 싫고 사람을 만나기 싫은 감정이 우선한다. 사람들을 만나기 싫고 혼자 있다 보니 할 수 있는 것이 게임 밖에 없는 것이다. 그런 경우 게임을 하면서 그나마 다른 아이들과 온라인 세상에서라도 소통을 하는 것이 힘든 상황을 버티게 도와주는 힘이 되는 것이다. 어두컴컴하게 불을 꺼놓고 하루 종일 게임만 하는 전형적인 은둔형 외톨이는 기성세대의 머릿속에서만 존재하는 허구다. 사실은 게임 잘 하는 아이 대다수가 공부도 잘한다. 아이가 공부를 잘하면 게임을 좀 해도 그냥 넘어가지만 아이가 공부를 못하면 부모는 모든 것을 게임 탓으로 돌린다. 일도 열심히 하고 게임도 잘 하는 이들이 적지 않다. 하지만 일을 해서 돈 벌어오고 자기 생활을 하면 게임 좀 해도 그냥 넘어간다. 하지만 실직을 하고 다시 취직할 곳도 없을 때 게임을 하면 주위에서는 모든 것을 게임 탓으로 돌린다. 하지만 당사자의 생각은 다르다. 그나마 게임을 안 하면 자존감 수치가 바닥으로 떨어진다. 게임을 해서 자존감을 일정 수준으로 그나마 유지하는 것이다. 그나마 게임으로 자존감을 유지하는 것이 아무 것도 안 하는 것보다는 낫다. 그 시간에 게임을 안 하면 괴로운 생각으로 머리가 가득차서 견딜 수 없다. 자존감은 더욱 떨어진다. 그런데 주위에서 게임 폐인으로 매도당하다보면 게임을 하면서도 마음이 편치 않다. 자존감을 유지할 마지막 도구마저 잃어버리게 되는 것이다.

자존감 낮을 때 해선 안 될 말

주변의 누군가가 자존감이 낮아서 문제라는 생각이 들 때 절대로 해서는 안 되는 말이 있다. "너는 자존감이 너무 낮아서 문제야"라는 말이 바로 그것이다. 당신이 사랑하는 사람의 자존감을 깎아내리고 있는 것은 정작 당신일 수 있다. 당신만 만나지 않으면, 당신으로부터 평가받지 않고 무시당하지만 않으면, 당신으로부터 못하는 일을 억지로 하도록 강요당하지만 않으면 그 혹은 그녀의 자존감은 아무 문제도 없다. 그 혹은 그녀는 당신을 만나기만 하면 자존감이 떨어지는 것이다. 그리고 나 자신에 대해서도 마찬가지다. "나는 자존감이 낮아" 라고 스스로 주문呪文을 거는 순간 당신의 자존감 회복 가능성은 떨어진다. 차라리 보다 현실적인 상황에 시선을 돌려야 한다.

통장 잔고가 0원인데 자존감이 올라갈 리가 없다. 10년째 무직인데 자존감이 올라갈 리가 없다. 매일 부모에게 욕먹는데 자존감이 올라갈 리가 없다. 쥐꼬리 월급 받아온다고 매일 아내에게 구박받는데 자존감이 올라갈 리가 없다. 너는 하는 일이 왜 매번 그 모양 그 꼴이냐고 남편한데 비난받는데 자존감이 올라갈 리가 없다. 자존감을 올리고 싶다면 당신의 자존감을 깎아 먹는 이를 멀리하는 것이 우선이다.
자존감을 올리고 싶다면 나를 힘들게 하는 주변 환경으로부터 벗어나
려는 노력을 하는 것이 우선이다.

1. 게임은 노력하는 만큼 보상이 주어지니 공부보다 더 정직한 면이 있다.

2. 경쟁에서 뒤처질 때 자존감이 가장 떨어지는데, 이럴 때 확실한 보상이 있는
게임이 자존감 회복에 도움이 된다.

3. 가장 가까운 가족들이 "너는 자존감이 낮아서 문제야"라는 말을 반복하는 것
은 위험하다.

자기수용에 실패하면
결국 자기조절에도 실패한다

　나 자신에 대해서 100% 만족하는 사람은 없을 것이다. 공부를 꽤 잘해서 내 두뇌는 마음에 들지만 외모는 마음에 들지 않는 사람도 있고, 반대로 외모에 대해서는 자신감이 있지만 공부를 못했기에 머리가 나쁘다며 열등감을 갖는 이도 있다. 때로는 같은 상황이 서로 다르게 해석되기도 한다. 자수성가했다는 것을 자랑스러워하는 이도 있고, 비록 성공했더라도 자신의 뒤를 받쳐주는 배경이 없어서 너무 고생했다고 계속 얘기하는 이도 있다.

　어떤 여성이 공부도 잘하고, 일도 잘한다. 아주 날씬하지는 않지만 그렇다고 뚱뚱한 것은 아니다. 하지만 그 여성은 날씬해야 한다는 강박관념에서 벗어나지 못한다. 육체의 노예가 되어서 항상 다이어트에 시달린다. 자기에게 없는 것을 중요하게 여기다 보니 자기가 이미 갖추고 있는 것에도 만족하지 못한다.

사실 살면서 우리는 나 자신이 무엇을 잘하고 무엇을 못하는지 주변 사람들의 얘기를 듣게 된다. 하지만 그것을 수용하는 것은 쉽지 않다. 일에 대해서도 그러하다. 우리가 살면서 하게 되는 일 중에는 내가 못하는 일이 있고 내가 잘하는 일이 있다. 내가 잘하는 일과 내가 잘하고 싶어 하는 일이 일치하면 참 좋다. 그런데 내가 못하는 일을 내가 잘하고 싶어 하는 경우 문제가 생긴다. 잘하지도 못하고 하기도 싫은 일을 억지로 하다 보면 아무 이유 없이 몸이 아프게 되기도 한다.

	하고 싶은 일	하기 싫은 일
할 수 있는 일	삶에 만족함	삶에 불만족
할 수 없는 일	갈등 상황	불행한 삶

돌아다니면서 역동적으로 일하는 것이 장점인 사람이 있다. 사람들을 만나는 것도 좋아한다. 물건을 파는 가게나 손님을 대하는 직종에서 아르바이트를 하면 항상 점주들이 조금이라도 더 일해달라고 부탁을 한다. 그런데 본인은 공부를 잘하고 싶다. 수능 성적이 안 좋아서 삼수를 했다. 하지만 원하는 점수가 나오지 않았다. 그래서 지방 소재 사립대학에 점수를 맞춰서 들어갔다. 군대 제대 후 편입을 위해서 공

부했지만 역시 결과는 좋지 않았다. 지금은 아르바이트를 하면서 공무원 시험 준비를 하고 있다. 그런데 앉아서 뭔가를 억지로 하려고 하면 엉덩이가 들썩인다. 억지로 앉아있기는 하지만 머리에 하나도 들어오지 않는다. 그런데 아르바이트를 하러 직장에 나가면 완전히 달라진다. 일하는 것이 재미있다. 하지만 그는 이런 일은 안정적이 아니라고 생각해서 계속 공무원 시험에 매달린다.

반대의 경우도 있다. 공무원으로 일하던 이가 있었다. 철저하게 준비하고 꼼꼼한 것이 그의 성격이었다. 그런데 어느 날 일에 회의감을 느끼고 주점을 해야겠다는 생각을 하게 되었다. 주위에서 모두 말렸다. 하지만 그는 더 이상 이렇게 답답하게 사는 것이 싫었다. 그를 평소에 좋게 평가하던 상사는 일단 휴직을 한 후에 주점에서 아르바이트라도 하면서 그 일이 본인에게 맞는지 안 맞는지 생각해보라고 했다. 하지만 그는 지겨운 직장인 생활은 자신에게 안 맞고 자신은 자유로운 일을 해야겠다고 하면서 사표를 던졌다. 그리고 그동안 모은 돈에 빚까지 얻어서 주점을 창업했다가 완전히 망했다. 일하는 직원들과의 관계도 원만치 않았다. 그리고 융통성 없이 사업을 하다가 납품하는 업자들과도 사이가 틀어졌다. 공무원이 딱 적성에 맞는 직업이었는데 완전히 착각한 것이었다.

도대체 왜 그들은 자신에게 맞는 일을 받아들이지 못하는 것일까? 전자의 경우 아주 어렸을 때는 공부를 잘했다. 그러다가 중학교 때부터 성적이 떨어지기 시작했다. 그리고 일가친척들 중에서 교수나 의사가 많았다. 그러다 보니 공부를 잘 해야만 한다고 생각했다. 그리고 어렸을 적 공부를 잘해서 칭찬받던 자신의 모습이 항상 눈에 어른거렸다. 그래서 자신도 공부를 잘해야 한다는 생각을 버리지 못했다. 부모도 그런 모습을 보일 때 열심히 하라며 격려했다. 하지만 친구들과 놀 때는 좋은 얘기를 듣지 못했다. 사람 만나는 것이 장점이지만 어머니가 보기에는 장점은커녕 공부를 방해하는 버릇에 불과했다. 그러다 보니 그는 공부를 해서 좋은 대학을 나와서 좋은 직장에 들어가는 것만이 성공이라 생각하게 되었다. 나중에 그가 장사를 해서 성공한다 한들 그는 자신의 성공을 평가절하할 것이다. 그냥 먹고 살기 위해서 할 일일 뿐 자신이 하고 싶은 일은 아니라고 생각할 것이다.

후자의 경우는 어렸을 때부터 "너는 사회성이 부족하다"라는 말을 들으면서 살아왔다. 그의 어머니는 사람들 만나는 것을 좋아했다. 아버지도 백날 공부해봐야 소용없다는 말을 하고는 했다. 공부 잘해봐야 성공한 사람들 밑에서 일하게 된다고 했다. 하지만 그는 열심히 노력했다. 하지만 노력에 비해서 아주 잘하지는 못했다. 그래서 본인이 원하던 아주 좋은 대학에는 가지 못했다. 그런데 결국 무능력한 아버지, 말만 많은 어머니를 부양하는 것은 그의 몫이었다. 형제들 중에서 제대로 된 직장에 들어가서 매달 꼬박꼬박 월급 받는 이는 그밖에 없었다. 그가 받은 월급을 모두 다 가족들이 사용했다. 그의 입장에서는 일하는 것이 지옥이었다. 일을 잘하고 칭찬받아도 즐겁지 않았다. 그런데 부모님이 연달아 돌아가시면서 그는 이제부터 자신이 원하는 삶을 살게 되었다. 그러면서 뭔가 해방감을 느끼는 일을 하고 싶어진 것이다. 가장 잘하는 회사일이 싫어지고 본인이 재능이 없는 창업에 뛰어들게 된 것이다. 사실 알고보면 창업은 직장을 그만두기 위한 심리적 평계였던 것이다.

성과기대

모든 사람은 다 행복하게 살고 싶어 한다. 그리고 우리는 저마다 '이렇게 하면 행복해질 것이다, 저렇게 하면 행복해질 것이다'라고 기대한다. 이렇게 무언가를 하면 어떤 결과가 나올 것이라고 기대하는 것을 심리학 용어로 '성과기대Outcome Expectancy'라고 한다. 자신의 행동에 대해서 어떤 결과가 나올지 기대하는 것이다. 성과기대가 높은 목표를 선택하고 그 목표를 이루기 위해서 행동하는 것이다. 그래서 "내가 사람들에게 친절하게 대해 주면, 그들도 나에게 친절하게 대해 줄 것이다"라고 생각하는 사람은 사람들에게 친절하게 대해준다. "내가 사람들에게 친절하게 대해주면 사람들이 나를 만만하게 여길 것이다"라고 생각하는 사람들은 얕잡아 보지 않으려고 선의를 감추고 강하게 나간다.

우리는 우리의 목표에 더 가까이 가는 결과를 가져오게 해 줄 것으로 예상되는 행동을 어렸을 때부터 수행하는 것을 학습하게 된다. 성과기대는 단 것이든 쓴 것이든 직접 경험을 통해서 학습되며 다른 사람들의 행동 결과를 관찰하면서 또한 학습된다. 전자는 수능을 잘 보고 좋은 대학에 들어가서 대기업에 들어가거나 혹은 시험에 합격해서 공무원이 되어야만 한다고 생각하면서 성장했다. 다른 것은 생각하지 못한다. 후자는 직장생활을 하면서 성실하게 살아가는 것을 재미없는 인생이라고 생각한다. 직장생활은 어쩔 수 없이 먹고 살기 위해서 하는 것이고 자기 사업을 해야 인생이라고 생각한다.

성과기대가 인생의 목표와 결합하면 특징적인 행동 패턴이 생긴다. 어떤 사람은 좋은 사람이 되는 것이 인생의 목표다. 그리고 누군가에게 잘해주면 상대방도 그에 대해서 보답을 한다는 기대를 갖고 있다. 어떤 사람은 유명해지는 것이 인생의 목표다. 그리고 누군가에게 잘해주더라도 정작 내가 도움이 필요할 때 상대방은 모른 척한다는 생각을 가지고 있다. 두 사람은 같은 상황에서도 완전히 다르게 행동할 것이다. 사람들마다 인생에서 원하는 목표는 저마다 다르다. 그리고 우리가 타인에 대해서, 세상에 대해서, 인생을 대하는데 작용하는 성과기대 역시 저마다 다르다. 그런데 한번 형성된 성과기대를 의식적으로 바꾼다는 것은 쉽지 않다. 그런데 내가 만나는 사람도 변하고, 세상도 변하고, 나도 변한다. 그러한 변화에 맞춰서 성과기대를 수정해야 하는데 우리는 수정하지 못한다. 그러다 보니 변하지 않은 성과

기대로 인해서 현재 있는 그대로의 나를 수용하기가 쉽지 않은 경우가 발생한다.

그런데 자기수용에 실패하면 결국 자기조절에도 실패하게 된다. 실패할 것이 뻔한 일에 도전하면서 성공하고 싶다. 그러다보니 마음이 더 간절해진다. 하지만 안 되는 일을 억지로 하려다 보니 노력은 해도 자기조절에 실패하게 된다. 결국 자기조절에 성공하기 위해서는 내가 잘 할 수 있는 일을 해야 한다. 그러다 보면 잘하게 되고 잘하게 되면 좋아하게 되는 것이다. 좋아하는 일을 하는 것도 중요하지만 더 중요한 일은 내가 잘하는 일을 좋아하도록 노력하는 것이다.

 ··· 자기조절 잘하는 법

1. 자신에게 없는 것을 중요하게 여기면 본인이 가진 것에 만족하지 못한다.

2. 자기수용에 실패하면 자기조절에도 실패하게 된다.

3. 자기조절에 성공하기 위해서는 내가 잘 할 수 있는 일에 집중해야 한다.

마음 진단

내 안의 장애물
직시하기

자기조절의 가장 큰 적,
나에 대한 혐오와 적대감

A4 용지에 사람을 한 번 그려보자. 직관적으로 그려야 하며, 머리에서 발끝까지 다 있는 사람을 그려야 한다. 그리고 그 사람을 보면서 다음과 같은 질문에 답해보자.

① 나는 그림 속의 사람을 좋아하는가?
② 나는 그림 속의 사람과 한 집에서 살고 싶은가?
③ 나는 그림 속의 사람이 되고 싶은가?

만약 세 가지 질문에 대해서 모두 긍정적으로 대답했다면 당신은 자신을 사랑하고 있는 것이다. 따라서 당신의 자존감은 그다지 나쁘지 않은 편이다. 세 가지 질문 중 한 가지에 대해서 부정적으로 대답했다면 당신이 스스로에 대해서 무한긍정의 상태는 아니라는 것을 의미한다. 세 가지 질문 중에서 두 개에 대해서 부정적으로 대답했다면 당신의 자존감은 위협받고 있음을 뜻한다. 세 가지 질문 모두에 대해서 부정적으로 대답했다면 당신의 자존감은 바닥일 가능성이 크다. 그림 속 사람은 바로 당신 자신이기 때문이다.

당신은 자기 자신에 대해 어떻게 생각하는가? 거울을 바라보면 이만하면 괜찮다고 생각하는가? 아니면 거울을 깨버리고 싶은가? 아니면 애초에 거울을 볼 필요도 없을 정도로 자신이 있는가? 아니면 거울을 보는 것이 괴로워서 거울을 모두 치워버렸는가? 물론 다른 면에서는 모두 자신감에 차 있으면서 외모에 대해서만 열등감을 느끼는 사람도 종종 있다. 하지만 사실 반대의 경우가 더 흔하다. 아무 것도 잘하는 것이 없어서 외모에 대해서 더 집착하게 되는 것이다. 그래서 성형중독이 되기도 한다.

성형중독의 진짜 이유

수술이 만족스럽지 않아서 성형외과에 재수술을 요구했는데 수술을 해주는 병원이 없어서 너무 화가 나고 우울하다면서 상담하시는 분들이 의외로 많다. 어쩌다 처음에 성형수술을 받을 생각을 했냐고 물어보면 다들 사연을 갖고 있었다. 예를 들어 처음에는 결혼을 하려고 수술을 했다는 경우가 있었다. 어려서 부모님이 이혼하시고 힘든 상황에서 컸는데 결혼을 하려다 본인도 파혼을 당했다고 한다. 그 때 자신의 외모가 문제여서 파혼을 당했다고 여기고 처음 성형수술을 했다. 그다음부터 실직을 하게 되거나 남자 친구와 헤어지는 등 일이 안 풀리거나 인생이 힘들다고 느낄 때마다 얼굴 때문이라는 생각이 들어서 수술을 받게 되었다. 그런데 수술을 받자마자 그 당시에는 자신감이 조금 생기다가 시간이 지나면 또다시 자신의 얼굴이 마음에 안 들어서 수술을 또 하는 악순환이 벌어졌다고 한다.

성형수술의 경우 자기 얼굴의 특정부위를 지목해서 이렇게 변화하고 싶다는 구체적인 목표가 있는 경우 예후가 좋다. 펜실베이니아대학교 의과대학의 연구에 따르면 성형수술을 받은 여성의 87%가 수술 결과에 만족하며 자신감이 생겼다고 한다. 성형수술은 대부분 자아존중감을 향상시켜주며 삶을 더욱 풍요롭게 살게끔 돕는다. 하지만 수술만 받으면 인생이 바뀔 것이라는 막연한 기대를 가지고 수술을 하는 경우는 문제다. 수술이 잘 되어도 기대했던 인생역전이 벌어지지 않으면 수술에 불만을 가질 수밖에 없다. 수술의 목적이 순수하게 예뻐진다는 것이었으면 예뻐졌다는 얘기를 들은 것만으로 자기만족이 가능하고 자존감도 올라가게 된다. 하지만 인생역전이 목적인 경우 아무리 옆에서 보기에 예뻐졌다고 해도 인생역전이 되지 않으면 수술을 했던 목적이 이루어지지 않은 것이다. 따라서 수술이 잘못된 것이라 생각한다. 이런 생각에 사로잡히다 보면 자신의 용모가 추하게 느껴지면서 반복적으로 시술을 하는 악순환이 벌어진다. 남들이 보기에는 왜 저러나 싶지만 본인은 삶이 안 풀릴 때마다 얼굴에 손을 대면서 현재의 힘든 상황을 타개하려고 하는 것이다. 이러다보니 처음에는 행복해지기 위해서 수술을 했지만 지금은 성형수술을 위해서 살아가게 되는 것이다.

성형보다 중요한 것

이처럼 수술을 하면 인생이 확 바뀔 것이라는 비현실적인 기대를 지닌 경우나 우울증, 불안장애가 있는 경우에는 예후가 좋지 않다. 그러므로 성형수술을 하기 전 자신의 마음상태도 체크해보는 지혜가 필요하다. 현재 우울증이 있어서 치료를 받고 있다면 일단 호전이 된 후에 성형수술을 받는 편이 낫다. 우울증에 걸리면 만사에 부정적이 되기 때문에 똑같은 수술결과도 훨씬 안 좋게 느껴지기 마련이다. 최근에 남자 친구와 헤어지거나, 이혼을 하거나, 금전적으로 큰 손해를 보는 등 마음의 스트레스가 심하면 그때도 수술을 하는 것을 신중하게 생각해야 한다. 마음이 다급해지다 보니 얼굴이 못나 보이고 성형수술이 탈출구인 것 같지만 막상 수술을 해도 인생의 문제가 여전하면 수술 자체에 대해서 실망하게 된다. 외모를 교정해서 좋아질 부분은 성형수술을 해야겠지만, 마음을 바꾸어서 좋아질 부분에 대해서는 마음수련이 필요하다. 그리고 얼굴 때문에 불행하다는 생각에서 벗어나야 한다. 용모와 인생의 행불행 사이를 관련지어서 생각하는 것을 중단해야 한다. 성형중독이어도 나름 행복한 사람이 있는가 하면 성형중독이어서 불행하다고 느끼는 이도 있는 것이다.

성형수술은 수술대에 눕기만 하면 의사가 알아서 바꿔준다. 그렇기 때문에 수동적이고 내가 뭔가 노력할 필요가 없다. 하지만 마음을 갈고 닦는 것은 내 스스로 부단한 노력을 하게 된다. 그리고 외모의 변화는 눈에 보이지만 마음의 변화는 눈에 보이지 않는다. 그렇기 때문에 마음이 문제일 때 마음 자체를 바꾸기 위해서 노력하기 보다는 외모를 바꿔서 단번에 해결하고자 하는 유혹에 빠지기 쉽다. 그리고 어쩌면 마음의 문제를 부정하다 보니 더욱 외모에 신경을 쓰게 될 수도 있다. 인생을 바꾸기 위해서는 결국 나 자신의 노력이 필요하다는 것을 받아들여야 한다. 그리고 세상에 어떤 일이든지 단번에 바뀌는 법은 없고 꾸준히 노력해야 한다는 것을 받아들이고 실천하다 보면 나에 대한 자신감이 붙어나면서 용모에 대한 열등감도 줄어들 것이다.

이처럼 나를 싫어하는 것에 대한 불만 해소의 돌파구를 외부에서 찾는 경우 그 대상은 누구에게는 성형수술이다. 누구에게는 명문대학을 나오는 것이다. 누구에게는 공무원이 되는 것이다. 누구에게는 대기업에 입사하는 것이다. 누구에게는 이상형을 만나서 결혼하는 것이다. 하지만 성형수술이 되었건, 명문대학을 나왔건, 대기업에 입사를 했건, 이상형을 만나는 것이 되었건 그 밑에는 동일한 심리기제가 작동한다. '성형수술로 예뻐지면 인생이 필 거야, 명문대학을 나오면 인생이 필 거야, 공무원이 되면 인생이 필 거야, 대기업에 들어가면 인생이 필 거야, 이상형을 만나서 결혼하면 인생이 필 거야'라고 생각한다. 그런데 문제는 인생이 어느 한가지로 바뀌지 않는다는 것이다. 예뻐도 그저 평범하게 사는 사람이 대부분이다. 명문대학을 나와도 다 잘 사는 것이 아니다. 그저 그렇게 사는 사람이 대부분이다. 공무원이라고 해서 모두 다 정년까지 안정적으로 살아갈까? 공무원 중에서 일을 중간에 그만두는 이들도 적지 않다. 대기업에 들어가면 과연 인생이 필까? 대기업에 들어간 후 치열한 경쟁 때문에 피폐해지는 경우도 적지 않다. 이상형과 결혼해도 이혼하는 사람이 있다. 그런데 "이것 때문에 인생이 엉망이야"라고 생각을 하면서 어느 하나에 맹목적으로 매달리다 보면 자기조절에 실패할 수밖에 없다. 보통 맹목적으로 매달리게 되는 대상은 성취하기 쉽지 않은 것이고 성취하기 어려운 것에 열중하다보면 인생살이가 쉽게 흘러가지 않는다. 그리고 안 되는 것을 되게 하려고 살다 보면 무리수를 두게 되고 자기조절과는 거리가 멀어지게 된다.

그런데 더욱 큰 문제는 안 되는 것에 매달리다 보면 나의 다른 모든 재능 역시 소진되어 없어지게 된다는 것이다. 얼굴이 아주 예쁘지는 않지만 호감형이면서 공부도 어느 정도 잘하는 사람이 있다고 가정해 보자. 자기 자신이 인생이 바뀌기 위해서는 외모가 바뀌어야 한다는 생각에 사로잡히면 외모에만 신경을 쓰느라 공부에는 신경 쓰지 못하게 될 것이다. 외모에 신경 쓰는 대신 공부에 더 신경을 썼더라면 인생이 더 잘 풀렸을지도 모른다. 외모에 대한 집착이 공부라는 나의 재능을 의식 밖으로 몰아낸 것이다.

나의 진짜 재능은?

명문대학을 나오지는 못했지만 성실하고 정직해서 어디 가서든 맡은 일을 잘 해내는 사람이 있었다. 그는 학교 다닐 때는 편입을 목표로 하다 뜻대로 안 되었고, 대학을 졸업한 다음에는 명문대 대학원에 들어가려다 뜻대로 안 되었다. 만약에 그가 학교 다닐 때 학교생활을 충실히 하고 자신과 마음이 맞는 직장에서 열심히 일했다면 인생은 다르게 풀렸을 것이다. 아무리 똑똑해도 불성실하고 남을 기만하는 사람은 어디에서도 환영받지 못한다. 똑똑해야만 성공한다는 고정관념에 사로잡히다 보니 성실함, 정직함이라는 자신의 재능을 활용할 생각은 하지 못한 것이다.

워낙 활발하고 적극적인 성격의 사람인데 공무원 시험에 매달리는 경우도 마찬가지다. 활발하고 적극적인 사람은 하루 종일 아무도 만나지 않고 고시원에 틀어박혀 공부하는 것이 적성에 맞지 않는다. 공무원 시험 준비를 위해서 책상에 앉아 있기는 하지만 자꾸 딴생각만 하게 된다. 만약에 그가 공무원 시험에 매달리는 대신 장사를 시작했더라면 더 재미있게 잘 살 수 있었을지 모른다. 하지만 공무원이 안 되면 인생이 망하는 것처럼 생각하다 보니 장사 체질이라는 자신의 장점을 억누르게 되었던 것이다. 이렇게 활발하고 적극적인 사람은 설혹 공무원이 되더라도 지루하고 답답해서 견디지 못한다. 흔히 공무원은 정년이 보장되고 장사는 불안정하다고 생각한다. 하지만 지루하고 답답해서 때려치우고 나오면 정년보장이 아무 의미가 없다. 반대로 장사가 적성에 맞는 사람은 이것을 팔았다 저것을 팔았다 하며 파는 물건을 중간에 바꾸겠지만 죽을 때까지 장사를 할 것이다. 장사가 그에게는 가장 정년이 보장되는 직업인 것이다.

만약 행복하게 살고 싶다면 '일이 안 풀리면 인생 끝이다'라는 생각을 버려야 한다. 그러면서 안 되는 것에 매달리게 되면 나의 재능을 알아채지 못한다. 때로는 나의 재능을 장애물로 인식하게 된다. 그렇게 되면 나의 재능을 스스로 계속 억누른다. 그렇게 안 되는 것에 매달리면 자기조절이 될 리가 없다. 그렇게 살다가 억눌린 재능이 나중에 다시 되살아나면 그나마 다행이다. 눌린 재능이 작아져서 사라져 버리면 나는 아무 재능이 없는 사람이 되는 것과 동일시하게 된다. 그때는 자기조절을 하고 싶어도 에너지가 소진되어서 자기조절을 할 수가 없다. 기름이 다 떨어진 차는 아무리 핸들을 이리저리 돌려도 앞으로 가지 못한다. 나를 좋아해야 한다. 그래야 내가 현재 내 손에 쥐고 있는 것들이 소중하게 보이기 때문이다. 그래야지 나의 재능을 살릴 수 있다. 나를 미워하면 내가 가진 것은 모두 하찮게 보일 것이고 내가 갖지 못한 것만 대단해 보일 것이다. 그렇게 내가 갖지 못한 것, 내가 가질 수 없는 것에 매달리다 보면 자기조절에 실패할 것이다. 자기조절의 가장 큰 적은 나 자신에 대한 적대감이다. 나 스스로를 너무 과대평가해서도 안 되며, 너무 과소평가해서도 안 된다. 이처럼 내 안의 '자기비하'라는 장애물을 제거해야만 자기조절이 가능해진다. 명심하자. 자기조절에 성공하고 싶다면 나 스스로를 정확히 진단할 수 있어야 한다.

 자기조절 잘 하는 법

1. 성형수술로 자신감을 회복하고 싶다면, 마음의 성형도 필요하다.
2. 행복하고 싶다면 내가 가진 재능들을 하찮게 여겨선 안 된다.
3. 자기조절의 가장 큰 적은 나에 대한 적대감, 자기비하임을 명심하자.

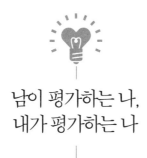

남이 평가하는 나,
내가 평가하는 나

집단치료에서 가장 흔히 접하게 되는 개념으로 공적존중감과 자아존중감이 있다. 공적존중감은 집단이 그 사람에 대해서 얼마나 가치 있다고 인정해주는지와 관련되어 있다. 자아존중감은 내가 나 자신에 대해서 얼마나 가치 있다고 생각하는지와 관련이 있다. 자존감의 수준을 결정하는 데는 자아존중감과 공적존중감 두 가지 요소가 작용한다. 그렇기 때문에 자아존중감 자체를 올리는 것에 못지않게 중요한 것이 자아존중감과 공적존중감을 맞추는 것이다. 자아존중감은 자신이 얼마나 가치 있는 사람인지에 대한 스스로의 평가다. 공적존중감은 한 개인에 대한 집단 혹은 사회의 평가다. 자아존중감과 공적존중감이 일치하는 경우 자기조절이 가장 용이하다. 하지만 자아존중감이 공적존중감에 비해서 지나치게 높거나, 자아존중감이 공적존중감에 비해서 지나치게 낮으면 문제가 발생하는 것이다.

① 자아존중감 > 공적존중감

개인에 대한 집단의 평가가 개인에 대한 자신의 평가보다 낮은 경우다. 오디션 프로그램을 보다 보면 전문가가 아닌 일반 시청자가 보기에도 실력이 확 떨어지는 이가 자신이 왜 떨어졌는지 도저히 이해할 수 없다고 심사위원을 원망하는 장면이 종종 방영된다. 자아존중감이 공적존중감을 완전히 넘어선 전형적인 사례다. 자기 자신의 개성과 열정을 심사위원들이 이해 못한다면서 자신의 문제를 부정한다. 심사위원들이 나름대로 최선의 충고를 하고 격려를 한 후 탈락을 결정하자, 어차피 탈락시킬건데 왜 그렇게 좋은 말을 해줬는지 이해가 안 된다고 도리어 화를 내는 참가자도 있다.

학교가 되었건, 직장이 되었건, 동호회가 되었건, 친구들이 되었건 사회생활을 하면서 자기 자신이 잘났다고 생각하고 자기 멋대로 하려고 하는 이들이 있다. 그러나 주위에서는 그 사람에 대해서 아주 낮게 평가한다. 실력은 없으면서 잘난 척하는 이들의 모습을 지긋지긋하게 여긴다. 이런 경우는 자아존중감이 공적존중감에 비해서 과도하게 높은 경우다. 따라서 본인이 스스로 생각하는 듯이 대단한 존재가 아니라는 것을 인정하거나 아니면 사람들을 원망하고 다투다가 그 집단을 떠나게 된다.

　이들은 자신에 대한 집단의 평가를 부인하거나 왜곡하거나, 혹은 집단을 평가절하한다. 이런 사람은 항상 주변에 불평불만이 많다. 사람들이 자신에 대해서 제대로 대접해주지 않는다고 여기고 무시한다는 생각 때문에 괴롭다. 그러다 보니 자기조절이 안 된다. 남들이 자신을 인정해주지 않는다고 생각을 하고 그로 인해서 자존감이 낮아진다. 이런 사람들이 억지로 자존감을 끌어올리면 문제가 해결되기는커녕 더욱 심각해진다. 자아존중감과 공적존중감의 괴리가 더 심해지기 때문이다. 남들로부터 억지로 인정을 받기 위해서 어리광도 부리고, 징징대기도 하고, 불가능한 과제에 도전하기도 한다. 차라리 가만히 있었을 때는 덜 상처받는다. 노력하면 노력할수록 일이 꼬인다. 어느 집단이건 너무 나서서 문제가 되는 이들이 있다. 나서는 것을 적당히 해야 하는데 주위에서 눈치를 줘도 멈추지 못하는 경우가 흔하다. 이런 이들이 스스로 자존감이 낮다고 하면서 일상에서 도를 넘는 행동들을 하게 된다. 이런 경우는 자존감을 올리는 것이 아니라 오히려 과도한 자존감을 오히려 낮춰야 한다. 자존감을 상승시키는 책을 읽고 나도 알고 보면 괜찮은 사람이라고 주장하면 할수록 본인도 힘들고 남도 힘들다.

　자아존중감과 공적존중감의 균형을 맞추기 위해서는 제대로 된 피드백이 필요하다. 자신의 성격과 태도를 바꿔서 최소한 주변에서 싫어하는 사람이 안 되는 것이 중요하다. 그런데 과도하게 자아존중감이 강한 이들은 주변에서 맞는 말을 해줘도 부정하는 경향이 있다. 최악의 단점을 장점이라고 생각하면서 합리화하기도 한다. 이런 이들에게는 집단치료가 필요하다. 집단치료에 참가하는 이들은 나와 아무런 이해관계가 없는 이들로 구성되어야 한다. 이들이 나에게 좋은 얘기를 해줬다고 해서 생기는 것도 없고, 나에게 일부러 싫은 얘기를 할 필요성도 없다. 공적존중감에 비해서 자아존중감이 지나치게 높은 이들이 집단치료에 참가하게 되면 그동안 살면서 비판받아 왔던 자신의 성격과 태도에 대해서 비로소 인식하고 수용하게 된다. 그러면서 공적존중감을 상승시키고자 시도해야 한다. 공적존중감에 비해서 자아존중감이 지나치게 높은 사람들은 왜 사람들이 자신을 싫어하는지 알아야 한다. 남이 싫어하는 일을 안 하는 것이 우선이다. 다음 4단계를 거쳐서 자아존중감과 공적존중감의 균형을 맞추고자 노력해야 한다.

★1단계 공적존중감 ≪ 자아존중감

나에 대한 타인의 평가에 비해서 나에 대한 나의 평가가 매우 높다. 거만하다고, 잘난 척한다고 주위에서 생각하는데 정작 본인은 모르는 경우가 있다.

★2단계 **공적존중감 < 자아존중감**

나에 대한 타인의 부정적 평가가 감소하면서 나에 대한 지나친 긍정적 평가가 부분적으로 낮아진 상태다. 하지만 여전히 나에 대한 타인의 평가에 비해서 나에 대한 나의 평가가 높다.

★3단계 **공적존중감 ≤ 자아존중감**

대체적으로 공적존중감에 비해서 자아존중감이 아직도 높다. 하지만 부분적으로 자아존중감과 공적존중감 사이의 균형이 맞는다. 아직은 좀 더 겸손해지고 인내력을 가지기 위해서 노력해야 한다. 동시에 공적존중감을 올리기 위해서 더 열심히 일하고 성과를 거둬야 한다.

★4단계 **자아존중감 ≤ 공적존중감**

자아존중감과 공적존중감의 균형이 맞는다. 때로는 공적존중감이 자아존중감을 능가할 때도 있다. 타인이 나를 더 높게 평가할 때가 생긴 것이다.

공적존중감에 비해서 자아존중감이 지나치게 높은 사람은 자아존중감을 낮춰서 공적존중감과 자아존중감의 균형을 맞춰야 한다. 이들에게는 일정 부분 부정적인 피드백이 필요하다. 학교에서 다른 아이들을 때리면서 괴롭히는 것을 자랑 삼는 문제아가 있었다. 그런데 하루는 그 아이가 복싱을 배우고 싶다고 했다. 부모는 복싱을 배워서 아이가 다른 아이들을 더 심하게 때릴까봐 걱정이 되었다. 하지만 막상 복싱을 배우고 나서 다른 아이들을 때리는 것이 줄었다. 아이는 복싱을 배우기 전까지는 자기가 세상에서 제일 강하다고 생각을 했다. 그런데 복싱을 배우면서 자신보다 더 강한 사람들이 있다는 것을 알게 되었다. 과거에는 체벌을 받아도 반성하지 않았다. 아프기 때문에 일시적으로 주춤할 뿐이었다. 그런데 링에서 공정하게 싸워서 깨지다 보니 과도한 자아존중감이 깎인 것이다. 그리고 링에서 스파링을 하면서 맞아보니 생각보다 아팠다. 그래서 자신에게 맞은 아이들이 얼마나 아픈지도 깨닫게 되었다. 말로 하는 피드백은 아무리 접해봐야 소용이 없다. 일단 상황을 통해서 접하게 되는 체험적인 피드백이 중요한 것이다. 프로게이머가 되겠다고 하는 이에게 너는 실력이 안 된다고 백 번, 천 번, 만 번 얘기해봐야 소용이 없다. 대회에 나가서 꼴찌를 해봐야 정신 차린다. 연예인 되겠다고 하는 이에게 네 용모와 실력은 안 된다고 아무리 얘기해봐야 소용이 없다. 오디션에 나가서 평가자로부터 신랄한 얘기를 들어야 정신을 차린다. "그 따위로 살면 안 된다." "너 인생 그렇게 살면 안 된다." "인간성이 문제"라고 백 번 얘기해도 소용이 없다. 나부터 그 사람과 인연을 끊어야 한다. 그렇게 사람이 떨어져나가서 고생해봐야 정신 차린다. 내가 만나서 밥 사주며 조언을 아끼지 않는다고 그 사람이 변하는건 아니다. 내가 안 만나주고 스스로 불편함을 느껴야 비로소 현실인식을 하고 정신을 차릴 것이다.

② 공적존중감 > 자아존중감

객관적으로 괜찮은 사람인데 자기 자신은 못났다고 생각을 하는 이들도 있다. 사람들이 칭찬을 하면 할수록 그 사람은 더욱 겸손해진다. 예를 들어서 결혼이 늦은 평범한 여자 회사원이 있다고 가정하자. 그녀는 좋은 사회적 배경을 지닌 이들에게 주눅이 들어있다. 하지만 남들이 무슨 이야기를 하건 귀 기울여 주고, 누군가 슬픈 이야기를 할 때 참 안 되었다고 맞장구도 쳐준다. 그녀는 자기 자신을 보잘것없이 여기지만, 사람들은 그 사람을 없어서는 안 되는 사람으로 여긴다. 이런 경우는 공적존중감이 자아존중감보다 더 높은 경우다. 이 여성은 나 자신이 생각보다 가치 있는 사람이라고 생각하게 되어야 자아존중감이 끌어올려지면서 공적존중감과 균형을 맞추게 된다.

집단치료를 하다보면 어떤 집단원에 대한 평가가 그 자신의 평가보다 높은 경우가 발생한다. 하지만 집단치료의 경우 누가 누구에게 잘 보여서 이익이 될 것이 없다. 그러다 보니 그 사람이 밖에서 무엇인가와 다른 평가가 발생한다. 마치 무인도에서 벌어지는 리얼리티 프로그램 같은 것이다. 아무리 누가 집단 밖에서 사회적 지위가 사장이더라도 집단 내에서는 아무 소용이 없다. 사장이었던 이는 사람들이 자신을 중요한 사람으로 대해주는 것을 당연시 여긴다. 하지만 사람들이 자신을 중요하게 대해주지 않으니 짜증이 난다. 하지만 아무리 나를 과시하려고 해도 사람들은 기피할 뿐이다. 반대로 명문대를 나온 것도 아니고, 특별한 재능이 있는 것도 아니고, 집이 그다지 잘 사는 것도 아닌 평범한 사람이 집단치료에서는 아주 중요한 사람이 될 수 있다.

평범한 주부가 있었다. 자신은 아는 것도 없고 존재감이 없다고 생각한다. 자신도 없었다. 하지만 사람들이 얘기할 때마다 잘 반응해주고 동정심을 표현했다. 그러다 보니 사람들은 점점 그 주부를 좋아하게 되었다. 그런데 사람들이 참 존경할 점이 많다고 얘기를 할 때마다 부끄러워하고 자신을 더 낮추게 되었다. 자신의 부적절함을 드러냄으로써 자신이 생각만큼 훌륭한 사람이 아니라고 주장한 것이다. 그런데 이러한 겸손한 태도는 공적존중감을 더욱 상승시키는 모순된 효과를 불러일으켰다. 시간이 흐르면서 평범한 주부는 '내가 그렇게 보잘것 없는 사람은 아니었나 보다' 하면서 자신의 낮은 자아존중감을 재검토하게 되었다.

요새 자아존중감은 마치 만병통치약처럼 쓰인다. 경기가 좋았을 때 자기계발이 마치 만병통치약처럼 쓰였듯이 말이다. 하지만 자존감은 만병통치약이 아니다. 앞서 언급했듯 안 그래도 근자감에 사로잡힌 이가 쓸데없이 자존감만 더 올라가는 경우 주위 사람이 더 피곤해진다. 그리고 본인도 좌절하면서 자기조절에 실패하게 된다. 오히려 자존감을 낮춰야 하는 것이다. 반대로 주위의 객관적 평가에 비해서 자존감이 너무 낮은 사람은 올려야 한다. 하지만 아무리 혼자 노력해도 자존감은 저절로 올라가지 않는다. 자존감도 자기조절의 대상인 것이다. 만약에 누군가 자신의 자존감을 상황에 맞춰 조절할 수 있다면 그야말로 진정한 자존감을 획득한 것이다. 그러기 위해서는 나 혼자 책을 읽고, 강연을 듣고 스스로 동기부여하는 것보다 더 중요한 것이 주변 지인들을 통해 듣는 적절한 피드백이다. 앞서 자존감self-esteem 이란 자신을 좋아하고, 가치 있게 여기고, 수용하는 정도를 말한다고 했다. 그런데 심리학 교과서를 보면 '높은 자존감은 주로 유의미한 타인으로부터 수용되고 가치를 인정받는데서 형성된다'라는 멋있는 구절이 나온다. 따라서 주변의 긍정적인 피드백 없이 혼자서 자존감을 올리는 것은 불가능한 것이다.

자존감이 낮아서 문제?

또 다른 예를 살펴보자. 상담을 하다 보면 '우리 아이는 자존감이 낮아서 문제'라고 상담을 오는 경우가 종종 발생한다.

"우리 아이는 심하게 수줍음을 타고는 합니다. 학교에서도 거의 말도 없고, 다른 아이들이 왁자지껄 웃을 때도 그 아이는 보일 듯 말듯 미소만을 보입니다. 그렇다고 다른 친구들과 크게 문제가 있는 것은 아니고 성적도 중간 정도는 합니다. 앞에서 호명을 하거나 지명을 해서 말을 시키면 간단하게 대답은 하지만, 무언가를 물었을 때 먼저 손을 들어서 대답하는 경우는 거의 없습니다. 어떻게 해야 자존감을 올릴 수 있을까요?"

이런 경우, 자존감이 낮은 것이 문제라고 엄마가 계속 지적하는데 아이의 자존감이 자연스레 올라갈 수 있을까? 사실 엄마의 말과 태도가 아이의 자존감을 떨어뜨리는 가장 큰 요소일 수도 있다. 아이들이 살아가면서 가장 많이 받는 것이 바로 엄마의 피드백이다. 아이는 성격이 차분한데 엄마는 계속 적극적으로 살라고 강요하는 경우가 있다. 엄마는 아이의 자존감이 낮다고 그게 문제라고 하지만 사실 아이의 자존감에 상처를 내는 것은 그렇게 아이에 대해서 부정적인 말을 하고, 부정적인 태도로 대하는 엄마인 것이다. 문제는 아이가 아닌 엄마일 수도 있다. 아이를 있는 그대로 인정해도 아이의 자존감이 유지될지 미지수인데 아이가 자존감이 낮다고 광고를 하고 다니면서 아이의 자존감이 낮아서 문제라고 하는 것이다. 그런데 이는 아이뿐이 아니다. 어른도 마찬가지다.

회피형 성격을 가진 사람들은 누군가로부터 비난받는 것을 극도로 두려워한다. 그렇기 때문에 학교에서도 직장에서도 앞에 나서는 것을 싫어한다. 뭔가 자신의 감정을 표현했다가 거부당하는 것에 대해서도 민감하기 때문에 새로 친구를 사귈 때도 매우 신중하게 행동한다. 대부분의 사람들은 나를 좋아할 것이라는 전제를 깔고 살아간다. 그런데 회피형 성격의 사람들은 타인들이 자신을 인정하지 않을 것이라는 전제를 깔고 살아가는 경향이 있다. 따라서 자신이 한 일에 대해서 다른 이들이 좋아해주고 칭찬해줄 때 마음을 연다. 혹시나 비웃음거리가 되거나 창피를 당할까봐 항상 조심하고, 속내를 드러내지 않는다. 이런 이들은 모임에 가입하는 것도 매우 불편하게 여기며, 모임의 상당수가 자신이 아는 사람이거나 혹은 스스로 생각하기에도 꽤나 재능이 있지 않은 한 모임에 가입하려고 하지 않는다.

회피형의 특징

회피형 성격의 사람들은 잘 표현하지는 않지만 자신에 대한 타인의 평가에 매우 민감하다. 누군가 자신의 의견에 반대를 하면 설혹 자신의 의견이 맞더라도 반대 의견을 제대로 말하지 못하고 자신의 태도, 성격에 대해서 누군가 비난을 하면 더 심한 상처를 받는다. 따라서 자신이 없을 때는 그냥 입을 다물어버리거나, 누군가 자신을 비웃거나 깔본다는 느낌이 들면 불안해진다. 비록 과민한 순간이 많기는 하지만 민감하게 알아채는 특성도 있다. 그렇기 때문에 되도록 구석에서 눈에 띄지 않으려고 노력하며, 함께 해야 하는 일이 있으면 마치 아무것도 하지 않는 것처럼 보이기 일쑤다. 누군가 어떤 일을 하라고 하면 자신은 못한다면서 뒤로 빠지려고 한다. 그런 태도로 인해 이기적이라는 오해를 받기도 한다.

그리고 회피형 성격은 새로운 사람들을 만나는 것에 대한 두려움 때문에 어려움을 겪기도 한다. 1년이나 2년 정도 학교를 다니거나 직장을 다니다 보면 어느 정도 익숙해지게 마련인데, 회피형 성격은 여전히 주변의 사람들을 낯설어 한다. 낯선 이들과 매일 같이 지내야 하는 상황에서 자신의 말 하나하나 행동 하나하나가 스스로 어색하게 느껴지고, 자신이 뭔가 계속 실수를 해서 다른 이들이 자신에 대해 낮게 평가를 하는 것처럼 느끼기도 한다.

옷도 화장도 튀지 않는다. 남자 아이들의 경우도 욕을 하거나 튀는 행동을 하는 법도 거의 없다. 이런 이들은 자신이 실수하는 모습을 보여주기 싫기 때문에 새로운 일을 하지도 않는다. 안 하던 활동을 하는 법이 거의 없다. 심지어는 책임이 두려워서 승진을 거부하기도 한다.

누군가 회피형 성격인 이들에게 접근할 때는 매우 섬세해야 하며, 분위기를 편하게 하기 위해서 농담을 할 때도 늘 조심해야 한다. 누군가 농담을 하면 회피형 성격은 웃을 듯 말 듯 한 반응을 보인다. 그러다 보니 농담을 건넨 이가 스스로 어색해지기도 한다. 하지만 이들도 상대방이 어색함을 없애기 위해서 그랬다는 것을 마음속으로는 알고 있다. 어떤 형태로든 회피형 성격의 사람들에 대해 직접적으로 언급을 할 때는 주의해야 한다. 충분히 유대관계가 쌓이지 않았을 때는 직설적이고 아주 분명하게 칭찬하고 용기를 주는 말을 하는 것이 차라리 바람직하다. 그리고 어떤 형태로든 비판은 피해야 한다. 다른 이들은 비판으로 받아들이는 말도 회피형은 비난으로 받아들이기 때문이다. 회피형 성격은 자신이 사람들을 회피하는 원인을 자존감 부족에서 찾고는 한다. 앞서 부모가 아이에게 자존감이 낮다고 책망하면서 아이의 자존감을 더 떨어뜨렸다. 그런 성장과정에서 비판적인 부모의 말과 태도가 내재화되면 성인이 되어서는 회피형 성격인 이들은 자신이 자신에게 자존감이 낮다고 책망하면서 자신의 자존감을 떨어뜨리고는 한다. 그렇다면 회피형 성격을 가진 사람들은 어떻게 해야 자존감을 회복할 수 있을까?

회피형 성격 대하는 방법

우선 부정적인 피드백을 피하고 봐야 한다. 그런데 쓸데없이 자아존중감이 강한 이들은 회피형 성격인 사람들에게 이렇게 충고를 늘어놓고는 한다. "일단 부딪혀봐. 그러다 보면 익숙해지기 마련이야." 그러면서 회피형 사람에게 자기처럼 하라면서 일장연설을 늘어놓는다. 공적존중감에 비해서 자아존중감이 낮은 이들은 그들의 잘난척하는 말에 자신도 모르게 귀를 기울이고는 한다.

그런데 그렇게 충고를 늘어놓는 이들이야말로 문제다. 그렇게 나대는 자신을 주위에서 얼마나 피곤하고 못마땅하게 여기는지를 모른다. 눈치 없이 호들갑만 떨기에 사람들은 그 혹은 그녀가 안 왔으면 좋겠다고 생각한다. 무시도 한다. 그런데 문제는 그럴수록 그들은 더 열심히 더 많은 모임에 나간다. 양보다 질이 더 중요한 것이 인간관계다. 그런데 분위기 파악을 못하다 보니 이들의 인간관계는 최악이다. 그러다 보니 인간관계의 양이라도 늘려서 질을 보상받고자 한다. 사람들이 자신을 싫어할수록 더 많은 사람을 만나야 한다. 그러면서 내가 이렇게 많은 사람들은 만나고 있는 것은 사회성이 좋다는 증거라고 스스로 착각하는 것이다. 하지만 그럴수록 사람들은 이들을 더욱 무시한다. 하지만 자신이 적극적이라는 착각은 고쳐지지 않는다. 그러다 보니 이런 이들은 누군가 자신의 얘기에 귀기울여주면 그 기회를 놓치지 않는다. 그러면서 "너 그렇게 하면 안돼"라고 하면서 회피형 인간의 삶에 간섭하고자 한다. 하지만 그런 충고에 절대로 귀기울이면 안 된다. 아무 준비가 안된 상태에서 부딪히면 부딪힐수록 회피형 인간은 더 괴로울 뿐이다. 나를 푸시하고, 나에게 압력을 가하는 사람은 가능하면 피하는 것이 우선이다. 하지만 피할래야 피할 수가 없는 것이 가족이다. 예를 들어 쓸데없이 자아존중감이 강한 어머니와 회피형 성격인 딸은 최악의 조합이라 할 수 있다.

쓸데없이 자아존중감이 강한 어머니는 딸의 인생에 끼어들어서 간섭하는 것이 주된 일이다. 계속 사람들을 만나라고 강요한다. 너는 사회성이 부족해서 문제라고 주장한다. 그러면서 사회성이 지나치게 발달해서 주위 사람들을 피곤하게 만드는 자신의 문제점은 정작 인식하지 못한다. 눈치가 없기 때문이다. 딸이 혼자서도 잘하는 것을 그냥 두고 보지 못한다. 조용히 혼자서도 잘하는 딸을 그냥 인정해야 하고, 지나친 간섭으로 사람들을 피곤하게 만드는 자신에게 문제가 있다는 것을 인정해야 한다. 그런데 그러기는커녕 딸의 인생에 본인 방식대로 간섭하고, 급기야 딸의 인생을 망가뜨린다. 그러면서 딸 때문에 걱정이라고 동네방네 광고를 하고 다닌다.

이런 경우 자존감을 회복할 가장 근본적인 방법은 집에서 독립해서 어머니를 보지 않는 것이다. 전화도 받을 필요가 없다. 앞으로 만날 필요도 없다. 어머니가 마음을 바꿀 때까지 절대로 만나서는 안 된다. 만약에 현재 당장 나와서 살 돈이 없다면 그 돈을 모으는 것이 가장 중요하다. 그러려면 더 열심히 일해야 한다. 그렇게 밤늦게까지 일하다 늦게 들어가면 어머니를 마주치지 않게 되고 간섭도 덜 받게 된다. 그러면서 자존감은 올라간다. 통장의 잔고가 쌓여간다는 것은 그만큼 독립의 날이 다가오고 있다는 것을 의미한다.

아울러 회피형 성격의 경우 자신에게 우호적인 사람들과 같이 일하는 것이 중요하다. '무엇을 하느냐, 어떻게 하느냐' 보다 더 중요한 것이 '누구와 일을 하느냐'인 것이다. 가족이나 주위에서 사람들이 보기에는 제대로 된 일이 아니더라도 본인이 일하기 편한 곳에서 일하기 편한 사람들과 함께 일하는 것이 중요하다. 그리고 어쩌면 남의 간섭 없이 내 할 일만 하면 되는 일에서 가장 크게 역량을 발휘한다. 누군가에게는 평가가 이들에게는 비난으로 받아들여지기 때문이다. 그러다 보면 나를 인정해주는 사람들이 생긴다. 처음에는 나에 대한 타인의 평가인 공적존중감에 비해서 나에 대한 평가인 자아존중감이 낮은 상태로 인생을 시작하지만 나중에는 자아존중감이 서서히 상승하면서 공적존중감과 균형을 맞추게 된다.

★ 1단계 공적존중감 〉〉 자아존중감: 나에 대한 타인의 평가에 비해서 나에 대한 스스로의 평가가 매우 낮다.

★ 2단계 공적존중감 〉 자아존중감: 나에 대한 타인의 긍정적 평가가 유지되면서 나에 대한 나의 평가가 일부 상승한다. 하지만 여전히 나에 대한 타인의 평가에 비해서 나에 대한 나의 평가가 낮다.

★ 3단계 공적존중감 ≧ 자아존중감: 대체적으로 공적존중감에 비해서 자아존중감이 낮다. 하지만 때때로 자아존중감과 공적존중감 사이의 균형이 맞는다.

★ 4단계 자아존중감 ≧ 공적존중감: 자아존중감과 공적존중감의 균형이 맞는다. 때로는 자아존중감이 공적존중감을 능가할 때도 있다.

공적존중감에 비해서 자아존중감이 지나치게 낮은 사람들은 자아존중감을 올려서 자아존중감과 공적존중감의 균형을 맞춰야 한다. 그러기 위해서 필요한 것이 긍정적 피드백이다. 그런데 긍정적 피드백보다 더 중요한 것이 거듭 말하지만 부정적 피드백을 피하는 것이다.

부모의 냉담한 표정, 지도교수의 못마땅한 표정, 직장상사의 짜증 내는 얼굴을 대하면 자존감 레벨이 심각한 수준으로 저하된다. "나는 능력이 없어, 나는 잘하는 것이 하나도 없다, 나는 주위에 민폐만 끼치고 있어"라고 스스로 자책한다. 부모가 되었건, 지도교수가 되었건, 직장상사가 되었건 일단 부정적 대상으로 마음에 각인되면 문제는 더욱 심각해진다. 그 사람이 항상 뒤에서 쳐다보면서 나를 평가하는 것 같다. 조현병 환자의 환청 중에서 가장 심각한 것이 나를 비난하는 환청이다. 조현병 환자의 환청의 내용을 듣다보면 평소의 무의식이 조현병에 걸리면서 터져 나오는 경우가 종종 있다. 조현병에 걸리기 전에는 막연한 부정적 생각이 나를 평가하고 비난하고 있었다. 그런데 조현병에 걸리고 나서는 뚜렷하지 않았던 부정적 생각이 망상, 환청, 환시로 의식에 표면화된다. 막상 조현병에 걸리지 않았을 뿐이지 자아존중감이 낮은 이들의 상당수는 심리적으로 각인되어있는 부정적인 시선으로 자기 자신을 바라본다. 우리는 나에게 부정적인 사람을 많이 만나면 만날수록 자존감은 낮아지게 마련이다. 따라서 나에게 부정적인 사람을 피하는 것이 필요하다. 나에게 부정적인 사람은 미워해도 된다. 죄책감을 느낄 필요도 없다.

그리고 부정적 피드백과 맞서 기죽지 말아야 한다. 사회생활을 하다보면 나를 아껴주는 척 하면서 나를 비난하는 이들이 있다. 나에게 상처가 되는 말을 한참 동안 융단 폭격을 한 뒤 "다 너 잘 되라고 하는 말이야"라고 하면서 마무리하는 이들이 있다. 사회초년생들은 그 말을 있는 그대로 받아들인다. "맞아. 다 나 잘 되라고 하는 말일지도 몰라"라고 생각한다. 선배들이 "그 사람 원래 그래. 그런 식으로 사람 갈궈 놓고는 나중에는 꼭 그런 식으로 말해서 더 기분 나쁘다니까"라고 해도 '설마! 그렇지 않을 거야'라고 생각하면서 부정한다. 하지만 나중에 세월이 흐르고는 그제서야 '그 놈이 진짜 나쁜 놈이었어'라고 깨닫는다. 이런 식으로 남을 괴롭히는 인간들이 꼭 '나는 뒤끝이 없는 사람이야'라고 주장한다. 성폭력의 기준이 가해자의 의도가 아니라 피해자가 성적수치심을 느끼느냐 여부에 달렸듯이, 피해자인 내가 괴로우면 그것은 상대방이 잘못한 것이다. 만약에 확신이 안선다면 그때는 주위에 한번 물어보자.

부모는 나에게 이기적이라고 한다. 그래서 할아버지, 할머니에게 물어봤다. 그랬더니 할아버지, 할머니가 네 아빠 혹은 네 엄마는 어렸을 때부터 원래 이기적이라고 대답했다. 그러면서 너 정도면 부모에게 잘 하는 편이라고 한다. 그러면 일단 내가 문제가 아니라 부모가 문제일 가능성이 높아진다. 친구에게 얘기를 했다. 그랬더니 친구도 내가 문제가 아니라 부모가 문제라고 한다. 그러면 부모가 문제일 가능성은 더 올라간다. 이번에는 인터넷에 사연을 올렸다. 그랬더니 이구동성으로 부모가 문제라는 댓글이 올라온다. 그러면 부모가 문제인 것이다. 그런데 반대로 할아버지도, 할머니도, 친구도, 인터넷 댓글도 모두 내가 문제라고 하면 그때는 내가 문제인 것이다. 나를 문제 삼는 직장 상사나 직장 선배도, 나를 문제 삼는 남편도, 나를 문제 삼는 아내도, 나를 문제 삼는 자식도 마찬가지다. 다양한 경로의 다양한 피드백을 구해야 한다. 만약에 다양한 경로의 다양한 피드백을 통해 모두 내가 문제가 없다고 하면 그때는 내가 문제가 없다고 결론 내려도 되는 것이다. 그렇게 부정적 피드백과 심리적 전투를 해야 한다. 각각의 전투에서는 이길 때도 있고 질 때도 있다. 하지만 결론적으로 내 마음 속 전쟁에서 승리하면 되는 것이다.

그리고 누구와 비교하느냐도 중요하다. 2등도 잘하는 것이다. 하지만 1등과 비교하면 우울해진다. 공적존중감에 비해서 자아존중감이 낮은 분들 중에는 어려서부터 비교를 많이 당하던 분들이 적지 않다. 아이는 100점 만점에 90점을 받으니 이 정도면 나쁘지 않다고 생각한다. 하지만 부모는 더 열심히 해야 한다고 한다. 하지만 아이는 90점도 잘한 것이라고 대답한다. 그러자 부모는 옆집 아이는 100점을 받았다면서 이 정도 해서는 안 된다고 한다. 처음에는 나보다 뛰어난 이와 나를 비교하던 이는 부모였다. 그런데 이런 부모의 태도가 내재화되면 그때부터는 항상 나보다 잘하는 이, 나보다 잘난 이와 나를 비교한다. 비교 자체가 나쁜 것은 아니다. 열등감 자체가 나쁜 것은 아니다. 하지만 넘사벽과 나를 비교하면 안 된다. 넘사벽과 나를 비교하면 노력 자체를 안 하고 포기하게 된다. 내 주변의 이들 가운데 조금만 노력하면 나도 그 정도는 될 수 있다고 생각이 드는, 현실적으로 비교 가능한 대상과 비교해야 한다. 우리는 모두 자신의 마음속에서 자신도 모르게 비교하게 되는 이상이 존재한다. 그것을 심리학에서는 '자아이상ego-ideal'이라고 한다. 자아이상이 너무 높으면, 그에 도달하지 못하면 낙담하게 된다. 도달 가능한 대상과 나를 비교해야 한다. 흔히 1등만 기억하는 더러운 세상이라고들 한다. 하지만 세월이 지나면 1등도 다 잊어버린다. 그런데 1등으로 기억되든, 2등으로 기억되든 다 남들이 기억해주는 것이다. 금메달도 다 기억 못하고, 은메달도 다 기억 못하고, 동메달도 다 기억 못한다. 세월이 흐르면 좋은 일이 되었건 나쁜 일이 되었건 내가 뭐를 했는지 남들은 다 잊어버린다. 1등이 되었건, 2등이 되었건 남들이 나를 기억해주는 것보다, 남들이 나를 잊어버리는 것보다 더 중요한 것은 내가 나를 온전히 기억해주는 것이다.

---

tip ·· 자기조절 잘하는 법

1. 자아존중감은 자신이 얼마나 가치 있는 사람인지에 대한 셀프 평가다.
2. 자아존중감과 공적존중감이 균형을 이루면 건강한 자존감을 유지할 수 있다.
3. 부정적 피드백에 맞서고 기죽지 말아야 건강한 자기조절이 가능하다.

무엇으로 자존감을
측정할 것인가?

자존감은 자신이 다른 사람들에게 어느 정도 수용되고 있는가의 느낌에 대한 내적인 계기판이다. 심리학에서는 그래서 자존감을 일종의 사회계측기sociometer라고 비유하고는 한다. 진화심리학에 따르면 우리는 자신의 가족, 직장, 사회에 소속되는 것을 추구하는 쪽으로 진화되어 왔다. 가족으로부터 버림을 받으면, 직장을 얻지 못하면, 사회에서 축출되면 살아남을 수 없었다. 지금은 능력만 된다면 자신이 원하는 직업을 자신이 선택할 수 있다. 하지만 과거에는 대대손손 가문의 전통대로 정해진 직업을 감당해야 했다. 가족에게 인정받아야 직업을 이어받을 수 있고, 직업을 이어받아야 사회의 보호를 받으며 살아갈 수 있었다. 가족이 나를 미워하면 직업을 이어받을 수 없고, 직업을 이어받지 못하면 사회 공동체에서 축출되어 고생하면서 살아가야 했다. 이렇게 사회생활이 중요한 우리는 지금도 가족이 나를 좋아해주지 않으면, 직업이 없으면, 집단에 속하지 않으면 자존감이 낮아지고 불안해한다.

대학을 졸업하고 아직 진로가 완전히 정해지지 않은 이들 또한 자존감이 낮아지는 상황에 처하게 된다. 아르바이트를 하면서 내가 하고 싶은 것이 무엇인지 모색하는 분들이 적지 않다. 그런데 아르바이트로 어느 정도 생계를 유지하더라도 자존감은 낮다. 고정적인 직업이 없다는 이유로 가족들에게 미안해한다. 가족들이 뭐라고 하지 않더라도 알아서 주눅이 든다. 직업이 불안정하고, 특정 회사라는 조직에 완전히 소속되지 않은 점도 심리적으로 압박을 받는다. 누군가에게 자신을 소개할 때마다 난감하다. 가족이 되었건, 학교가 되었건, 직장이 되었건, 친구가 되었건 집단에 수용될 때, 집단에서 인기가 올라갈 때, 집단에서 중요도가 올라갈 때 우리는 자존감이 올라간다. 반대의 경우에 자존감은 낮아진다. 내가 자존감이 떨어졌다고 느끼는 것은 결국 내가 집단에 수용되지 못하고 축출될지 모른다는 불안감에 시달리고 있다는 것을 의미한다.

사회가 불안해지면 개인의 자존감이 더 중요해진다. 성장이 정체되고 하향평준화가 급격히 이루어지는 세상에서는 과거에 통하던 사회계측기가 자존감계측기로 작동하지 않는다. 이런 세상에서는 명문대라는 것, 대기업에서 일하고 있다는 것만으로 의사라는 것만으로, 변호사라는 것만으로 자존감이 유지되지 않는다.

건강한 자존감 유지하기

이런 세상에서는 어떤 학교를 나왔느냐, 직업이 무엇이냐가 아닌 개인 그 자체가 중요해진다. 개인이 가진 측면 중에서 사회가 존중해주는 특성이 있을 때 자존감이 유지된다. 과거 중세 유럽이나 우리나라 고려시대에는 종교가 상당한 영향력을 갖고 있었다. 그런데 지금 세상에서는 과거 종교나 신의 역할을 돈과 사랑이 맡게 되었다. 자본주의 사회에서는 돈이 많으면 대접받는다. 어느 대학을 나왔건, 어느 회사를 다니건, 어느 직업이건 돈이 많으면 대접받는다. 부모 돈을 물려받았건, 복권에 당첨되었건 돈이 많으면 자존감이 올라가는 세상이 되었다. 그러다 보니 사람들이 돈에 열중하는 것이다.

그리고 사람들은 세상이 각박해질수록 어떤 사람인지에 상관없이 나를 사랑해주는 누군가에게 매달린다. 왜 현대인은 이토록 사랑에 목말라하는 것일까? 사랑은 현대인의 세속 종교처럼 되어버렸다. 기존 종교에서는 예수, 마호메트, 부처와 같은 신적인 존재를 섬겼다. 그런데 현대인들은 돈과 사랑을 섬긴다. 돈과 사랑의 관계는 마치 물질과 비물질의 관계와 같다. 우리의 냉정한 면, 탐욕스러운 면은 모두 돈에 투사된다. "돈 앞에서는 양반이 없다, 돈이 오가면 사람이 바뀐다"라고들 한다. 반면 우리의 정서적인 면, 따뜻한 면은 모두 사랑에 투사된다. 드라마 주인공들의 사랑을 보면 성인군자를 방불케 할 정도의 희생을 보인다. 사랑은 점점 더 성스러운 대상으로 자리 잡는다.

현대 사회에서 사랑은 중세의 신을 능가하는 영향력을 지니고 있다고 해도 과언이 아니다. 요즘 현대사회에서 사랑받기 위해서 외적 조건을 중시한다. 잘생기고 예쁜 사람 등 외모가 판단 기준이 되는 경우가 허다하다. 사회가 불안정할수록 사람들이 외모에 집착하는 경향이 있다.

사회가 불안정해지면 기존의 사회계측기들이 자존감측정도구로서 한계를 지니게 된다. 그러다 보니 사회에서 인정하는 가치 즉 돈이나 외모와 관련된 활동에 몰입해서 불안을 떨치고자 한다. 그런데 돈도 없고 외모도 별로인 경우 우리는 자신에게 가치가 있는 점 중에서 사회적으로 인정받을 수 있는 뭔가를 통해 자존감을 확인하고자 한다. 그래서 불안으로부터 도피하고자 한다. 앞서 언급했듯 게임과 쇼핑 등으로 도피해버리는 것이다. 군이 값비싼 것은 아니더라도 작은 것이라도 끝없이 구매하면서 '나는 그래도 사고 싶은 물건을 살 수 있어'라는 생각으로 자존감을 유지한다. 논리적으로는 쇼핑하는 대신 조금이라도 돈을 모아야 한다는 것을 알고 있다. 하지만 쇼핑하는 대신 그 돈을 모아봤자 남들이 인정할 정도로 돈을 모으기란 애초에 틀렸다는 생각을 한다. 이제 자본주의 사회에서는 돈이 없으면 자존감 유지가 불가능하다. 그렇기 때문에 제한된 영역에서 최고가 되는 수밖에 없다. 투구벌레를 키우건, 집게벌레를 키우건, 지하철 노선표를 통째로 외우건, 아이돌 덕후가 되건, 만화 검정능력시험에서 일등을 하건 뭔가가 필요하다. 뭔가를 통해서 자존감을 높여야 불안감이 완화될 수 있다.

각박한 현실에서 사회의 기준에 나를 맞춰서 살아간다면 자존감은 끝없이 나락으로 떨어질 수 있다. 그렇게 된다면 틀림없이 불행한 평생을 보낼 것이다. 나만의 자존감측정도구를 찾아내야 한다. 세상이 정한 사회계측기를 나의 자존감측정도구로 그냥 받아들이는 경우 나의 자존감은 항상 바닥을 벗어나지 못할 것이다. 자본이 만든 사회계측기를 나의 자존감측정도구로 사용하는 순간 비극이 시작된다. 그렇기 때문에 자본이 만든 사회계측기를 나의 자존감측정기로 사용해서는 안 된다. 나를 위한, 나에 의한, 나만의 자존감측정기가 필요한 것이다.

---

tip ··· 자기조절 잘하는 법

1. 자존감은 타인에게 얼마나 내가 수용되는지 내적 계기판 역할을 한다.
2. 사회가 불안정해지면서 외부 기준에 흔들리지 않는 자존감이 매우 중요해졌다.
3. 자본이 만든 사회계측기를 자존감측정도구로 사용해선 안 된다.

인지부조화,
내 안의 양면성 수용하기

홍상수 감독의 영화 〈북촌방향〉을 보면 중원 역을 맡은 배우 김의성이 자신은 여성을 만나면 꼭 상반되는 얘기를 동시에 한다는 말을 한다. 예를 들면 "당신은 강하면서도 동시에 예민한 면이 있는 것이 매력입니다." "당신은 단순하면서도 복잡한 면이 있어 갈등합니다." "당신은 충동적인 듯하지만 망설이고는 합니다." 이러면 많은 사람들이 자신을 잘 표현했다고 하면서 넘어온다는 것이다. 우리는 타인에 대해서도 그렇지만 자기 자신에 대해서도 단순화시키는 경향이 있다. 그런데 사실 인간의 성격처럼 복잡한 것이 없다. 그런 복잡성에 대해서 공감해주는 경우 감동받는 것이다. 그리고 이처럼 상반된 두 가지

측면을 동시에 가졌다고 하면 둘 중 하나는 맞기 때문에, 마치 나를 이해해주는 것 같은 착각에 빠진다.

우리는 흔히 노는 것을 좋아하면 겁이 없을 것이라고 생각한다. 그런데 그렇지 않다. 검사를 하다보면 자극추구도가 높으면서 동시에 겁도 많은 분들이 의외로 많다. 이런 분들은 하고 싶은 것은 많은데 겁이 나서 하지 못한다. 그런데 막상 하지 못하면 또 안절부절 못한다. 겁이 많기 때문에 결정적인 사고는 치지 않는다. 하지만 자극 추구도가 높기 때문에 뭐 하나 차분히 하지는 못한다. 그런데 사람들은 타인을 대할 때 혹은 자신을 대할 때 어느 한 쪽으로 편향되어서 생각한다. 그래서 '그 사람은 노는 것을 좋아해' 혹은 '그 사람은 겁이 많아'라고만 생각한다. 노는 것을 좋아하던 사람이 어떤 상황에서 겁을 내면 '너답지 않게 왜 그러냐'고 한다. 겁이 많은 사람이 문신을 한 것을 발견하면 너답지 않게 웬 문신이냐고 한다. 사람을 어느 한 쪽으로 규정하면서 다른 측면이 있다는 것을 인식하지 못하는 것이다. 그런 '편향적 사고'가 내가 어떤 사람인지 아는 것을 힘들게 하는 것이다.

흔히 우리는 사람들을 많이 만나고 다니는 외향적인 사람들을 적극적이라고 생각하고 사람들과 어울리는 것을 싫어하는 사람은 소극적이라고 생각한다. 그런데 그렇지 않다. 내성적이지만 적극적인 사람도 있고 외향적이지만 소극적인 사람도 있다. 내성적이지만 적극적인 사람은 무슨 일이 되었건 낯선 사람들과 함께 하는 것을 싫어한다. 오랫동안 알고 지내던 소수의 사람들과 활동하거나 혼자서 한다. 하지만 기왕 할 바에는 안 해보던 것을 하고자 한다. 외향적이지만 소극적인 이들은 사람들과 어울리는 것을 좋아해서 얼핏 보면 적극적으로 보이기도 한다. 하지만 막상 일을 할 때 보면 책임지지 않으려고 하고 무임승차를 하려고 한다. 남이 하는 대로 따라가려고만 한다.

호기심이 많으면 외향적이라고 짐작한다. 내향적인 이들은 표현을 안 하기 때문에 그 사람이 얼마나 개방적인지 알 수 없다. 내향적인 이들 중에서도 호기심이 많은 이들이 있다. 내향적이고 호기심 많은 사람과 대화를 하다보면 그 사람의 의외인 측면에 깜짝 놀랄 때가 있다. 하지만 그들 자신도 스스로의 호기심과 창조성을 낮게 평가하고는 한다.

어떤 사람은 사람들과 무조건 다 친해져야 마음이 편하고, 어떤 사람은 거리를 두는 것이 편하다. 어떤 사람은 독립적이고 어떤 사람은 의존적이다. 그런데 어떤 사람이 친밀감을 추구하면서 의존적이면 판단이 용이하다. 자신은 서로서로 돕는 것을 선호하는 사람이라고 스스로 생각한다. 어떤 사람이 거리감을 두는 것이 편하고 독립적이면 그 역시 판단이 용이하다. 나는 쓸데없이 사람들과 어울리는 것을 싫어하고 혼자서 하는 것을 좋아한다고 생각하면 된다. 그런데 문제는 거리를 두는 것이 편하면서 의존적일 때다. 사람들과 거리는 두면서 의존적이다. 내가 뭔가 도움을 받고 싶을 때 힘들다고 말하면 사람들이 도와준다. 그런데 힘들다고 말하고 싶지는 않은데 누가 도와주면 좋겠다. 그러다 보니 혼자 전전긍긍하게 된다. 옆에서는 답답하기도 하고 얄밉기도 하다. 막상 도와주고도 감사 인사나 기쁜 표현을 하는 등 예상한 반응을 얻지 못하기 때문이다. 힘들어하는 것 같아서 도와주면 고맙다는 감정을 점심을 사건, 커피를 사건 표현해야 한다. 그런데 제대로 표현하지 않으니 도움을 준 쪽에서는 받기만 하는 상대방이 얌체같다. 심지어 알아서 자신을 도와주지 않았다고 하면서 화를 내는 경우도 있다. 거리를 두면서 의존적인 경우 결국 누군가 알아서 도와줘야 한다. 이런 사람은 도와달라고 할 때도 절대로 약한 모습을 보이지 않으려 한다. 누군가 알아서 미리 눈치껏 도와주지 않으면 싸늘한 눈초리를 보낸다. 친밀감을 추구하면서 독립적인 성향을 가진 것도 문제다. 사람들과 함께 있지만 아무 이유 없이 답답해진다. 함께 여행을 가기로 해놓고는 너무 답답한 생각이 들면 혼자 포기하기도 한다. 같이 어울리기로 해놓고는 다들 집에 갈 생각이 없는데 혼자서 자리를 뜨기도 한다.

인지부조화란?

누군가 상반된 두 가지 성격 요소를 지니고 있을 때 우리는 단순화하고자 하는 경향이 있다. 그 사람이 놀기 좋아하는데 겁이 많으면 일단 놀기 좋아하는 사람이라고 생각한다. 어떤 사람이 내성적이면서 적극적이면 내성적이라고 생각한다. 이렇게 우리는 타인에 대해서 단순화한다. 그런데 타인에 대해서뿐 아니라 자기 자신을 대할 때도 우리는 단순화해서 생각하는 경향이 있다. 심리적 갈등이 발생하기 때문이다. 자신의 이중적인 면을 모두 다 받아들인다는 것이 쉽지 않다.

인간에게는 부조화를 불편하게 여기는 본능이 있다. 뭔가 일치하지 않으면 마음이 편치 않은 상태를 심리학에서는 '인지부조화cognitive dissonance'라고 표현한다. 그 이전부터 갈등을 회피하는 인간의 본능에 있어서는 많은 이들이 언급했다. 종교에서는 유혹이라는 말로 표현했다. 프로이트는 갈등이라는 말로 표현했다. 심리학에서는 양가감정이라는 말을 흔히 사용한다. 성격학자들은 수동공격성 성격이라는 말도 사용한다. 그런데 미국의 사회 심리학자 레온 페스팅거Leon Festinger는 인간이 자신의 행동, 태도, 신념들 사이에 모순된 점이 있다는 것을 알아챌 때 발생하는 불편한 마음 상태를 인지부조화라고 정의하면서 심리학의 한 획을 그었다.

운동을 하다보면 반칙이 발생한다. 상대방 팀이 반칙을 저지르면 극악무도한 놈들이라고 비난한다. 그런데 우리 편이 반칙을 저지르면 다 그럴만한 사정이 있었다고 주장한다. 우리 편이 반칙을 해서 상대방 선수가 선수 생활을 접어야 하는 심각한 부상을 당한 경우에도 우리 편의 잘못을 인정하지 못한다. 그러면서 상대방 선수가 평소에 한 짓을 생각하면 반칙당할만 했다고 한다. 때로는 어차피 잘하지도 못하는 선수였는데 차라리 이참에 선수 생활을 접는 것이 부상당한 선수를 위해서도 낫다고 합리화하기도 한다. 참으로 잔인한 말이다. 정치인을 볼 때도 마찬가지다. 내가 좋아하는 정치인이 내가 싫어하는 정책을 도입하는 경우 장기적으로 보면 결국 나를 위해서라고 합리화한다. 반대로 내가 싫어하는 정치인이 내가 좋아하는 정책을 도입하는 경우 인기를 얻기 위해서 일시적으로 태도를 바꾼 것이라며 폄하한다. 내가 좋아하는 정치인이 실수를 하면 인간적이라고 하고, 내가 싫어하는 정치인이 똑같은 실수를 하면 부주의하다고 한다.

인지부조화 상태에 빠지면 심리적으로 불편하다. 그래서 인간은 자기도 모르게 인지부조화를 없애는 쪽으로 노력한다. 객관적인 사실을 받아들이기보다는 단순화시키면서 자기가 원래 갖고 있던 생각, 태도, 신념을 유지하고자 한다.

어떤 경우는 자신이 갖고 있는 행동, 태도, 신념을 변경시켜 일관성을 유지하고자 한다. 어떤 사람은 충동성도 강하면서 겁도 많다. 그런 사람들일수록 강자에게는 약하고 약자에게는 강하다. 누군가를 무시하려다가 크게 반발을 하니까 태도를 바꾼다. 그런데 본인이 겁이 많아서 그렇다는 것을 인정하고 싶지 않아 한다. 그러다 보니 사실은 상대방의 태도에 겁을 먹고 물러나놓고는 상대방의 말을 듣고 나니 그 입장이 이해가 가서 자신이 생각을 바꾼 것이고 합리화한다. 나는 겁이 없다는 일관성을 유지한다.

부하 직원이었을 때는 상사가 권위적이라면서 사사건건 들이받던 이가 본인이 상사가 되고서 부하 직원들에 대해 정신 상태가 글렀다며 비난한다. 자기는 문제없다는 일관성을 유지하고 싶어한다. 그래서 과거에 자신이 상사를 비난했었다는 것을 잊어버리거나 축소시킨다. 때로는 과거나 현재나 회사를 위하는 마음은 변함이 없고 입장이 바뀌면서 방법이 바뀌었다고도 한다. 때로는 나의 태도가 문제가 아니라 그냥 일 못하는 부하직원이 들어왔을 뿐이라고 한다. 과거에는 일 못하는 상사에 대해서 뭐라고 했듯이 지금은 일 못하는 부하직원에 대해서 뭐라고 할 뿐이라면서 자기일관성을 유지한다.

내면의 양면성 인정하기

작은 비일관성을 큰 일관성으로 정당화시켜서 인지부조화를 줄이기도 한다. 드라마에서 정치인들이 주로 하는 거짓말이다. 사리사욕을 위해서 누군가를 희생시키고는 큰일을 하다 보면 희생이 없을 수 없다고 한다. 자신의 부정을 감추기 위해서 누군가를 죽이고는 자신이 정권을 잡으면 구현하게 될 정의를 생각해서 이런 부정쯤은 아무것도 아니라고 합리화한다. 그런데 이렇게 드라마나 영화에 나오는 것이 아니더라도 일상생활에서도 이런 일은 비일비재하다. 남편이 바람을 피우면서 아내에게 감춘다. 아내가 나중에 따지면 아내가 알면 상처받을까봐 감췄다는 말도 안 되는 거짓말을 늘어놓는다. 물론 거짓말도 일정 부분 필요하다. 상대방이 내가 싫어하는 물건을 선물로 사줬다. 하지만 그 앞에서는 그 옷을 좋아하는 척 한다. 그러면서 그래도 그 사람의 마음을 상하게 하는 것보다는 거짓말이 더 낫다고 합리화한다. 이런 경우를 하얀 거짓말이라고 한다. 하얀 거짓말을 통해서 나 자신이 거짓말쟁이라는 것을 숨기는 것이다. 스스로를 속여서 나는 착한 사람이라는 일관성을 유지하고자 하는 것이다.

과거에 하기 싫었던 일을 하게 되었을 때 나는 과거부터 그 일을 좋아했다고 합리화하기도 한다. 어떤 사람이 돈이 많았을 때는 화려하고 허랑방탕하게 살았다. 그러다가 이제는 돈이 없어서 어쩔 수 없이 소박하게 살아야 한다. 방송에 나와서 자신은 원래부터 소박한 삶을 살고 싶었다면서 합리화를 한다.

어떤 사람이 꽤 돈을 잘 벌었으면서도 돈 때문에 일을 한다면서 불평하고는 했다. 그래서 왕창 크게 한번 벌고 평생 놀고먹어야겠다는 생각 때문에 잘 다니던 직장을 그만두고 새로운 일에 뛰어들었다. 그런데 생각보다 만만치 않다. 돈도 적게 번다. 진짜 때려치우고 싶다. 가난해지자 꿈이고 나발이고 없어진지 오래다. 그런데 그만둘 수가 없다. 마땅히 할 다른 일이 없기 때문이다. 이전 직장에서는 이미 다른 사람을 뽑은 지 오래다. 따라서 이미 돌아갈 곳도 없다. 그래서 억지로 일하고 있다. 하지만 내가 이 일을 한 것은 돈 때문이 아니라 재미 때문이라면서 자기 일관성을 유지하고자 한다.

만약 자신을 제대로 인식하고자 하면 마음속의 갈등을 억지로 없애려고 하면 안 된다. 오히려 반대로 행동해야 한다. 살다보면 그 동안 나는 이런 사람이라고 생각했는데 저런 행동을 하게 되는 경우가 있다. 그때가 내 안의 다른 측면을 발견할 수 있는 기회인 것이다. 갈등은 우리를 힘들게 한다. 그러다 보니 나의 양면성을 부정하고 싶어질 때도 있다. 양쪽 중 한 쪽이 나라고 믿고 싶어진다. 하지만 그러다 보면 오히려 자기조절에 실패하기 쉽다. 반대로 자신의 양면성을 인정하고 유연하게 살면 험한 세상을 살아가기 위해 필요한 다양한 무기를 갖춘 것과 같다고 할 수 있다.

 자기조절 잘 하는 법

1. 사람은 내면의 이중성을 불편하게 여기는 인지부조화 성향이 있다.
2. 인지부조화를 극복하려고 억지로 마음의 갈등을 없애면 부작용이 생긴다.
3. 나의 양면성을 인정하고 수용해야 자기조절을 잘하는 유연한 사람이 된다.

과대평가,
지나친 자기애를 조심할 것

여러 대학에 복수로 지원을 했지만 자신이 원하는 대학에 합격하지 못해서 원하지 않는 대학에 다니게 되었다. 어떻게 보면 실력대로 대학에 들어간 것이다. 하지만 그는 수능 점수가 나의 진정한 실력이라고 생각하지 않는다. 나는 이보다는 더 좋은 학교에 갔어야만 한다고 생각을 한다. 하지만 자신이 원하는 대기업에 입사하는 하는 것에 실패했다. 공무원 시험에도 실패했다. 그런데 목구멍이 포도청인지라 일단 나를 뽑아주는 곳에 가서 일하게 되었다. 여기에서 이런 대접을 받는 것이 나에게 최선이라고 생각하지는 않는다. 왜 이런 인식의 오류가 일어나는 것일까? 나를 있는 그대로 수용한다는 것은 그만큼 고통스럽기 때문이다. 사람들은 보통 남들이 생각하는 것보다 자기 자신에 대해 높게 평가하는 경향이 있다. 그러다 보니 현재 나의 위치가 내가 가진 능력치의 최선이라고 생각하는 이는 거의 없다.

그런데 나 자신에 대한 높은 평가를 계속 유지하기란 쉽지 않다. 현실이 녹록지 않기 때문이다. 그래서 우리는 "나는 괜찮은 사람이다, 나는 능력 있는 사람이다"라는 생각을 유지하기 위해서 나도 모르게 나를 속이고는 한다. 나에게는 유리하게 타인에게는 불리하게 상황을 해석하곤 한다. 이렇게 공정하지 못한 태도로 판단을 하는 경우를 편파적이라고 한다. 그리고 자신에게 유리하게 편파적으로 정보를 처리하는 경우를 심리학에서는 '자기 위주 편향self-serving bias'이라고 한다. 자신의 성공은 자신의 내부적 특성이 원인이라 생각하고, 실패는 외적 상황이 원인이라 생각하는 경향인데, 자신을 있는 그대로 수용하지 않는 이들에게 자기 위주 편향이 나타난다. 성공할 때는 내가 잘해서 성공했다고 생각한다. 실패했을 때는 남에게 책임을 미룬다. 시험을 잘 봤을 때는 내가 열심히 해서 좋은 결과를 맞이했다고 생각한다. 시험을 망칠 때는 문제가 어려웠거나 문제가 이상했다고 생각한다.

사람들은 본인이 객관적이라고 생각하고 타인에게도 객관적으로 생각하도록 요구한다. 하지만 실상은 과연 어떨까? 사람들에게 자신에 대해서 평가해보라고 하면 거의 모든 특성에서 자신을 평균적인 사람보다 더 낫다고 생각한다. 직원들은 자신들이 사장이 생각하는 것보다 일을 더 잘한다고 생각한다. 학생들은 본인들이 받는 시험 성적보다 자신들이 더 똑똑하다고 생각한다. 의사들은 모두 자기가 치료를 잘하고 능력 있다고 생각한다.

회사에서 인센티브 제도를 시행하는 경우 인센티브를 많이 받는 사람이나 적게 받는 사람이나 다 불만인 경우가 발생한다. 인센티브를 적게 받은 이는 인센티브를 많이 받은 이들이 약삭빠르고 이기적인 얌체라고 생각한다. 회사를 위해서 묵묵히 궂은 일만 해왔기에 자신은 인센티브를 제대로 받지 못했다고 생각한다. 그렇다면 인센티브를 많이 받는 이는 만족할까? 그들은 자기 때문에 회사가 돌아간다고 생각한다. 자기가 인센티브를 더 받아야 했다고 생각한다. 능력도 없고 아무 열정도 없이 그저 시간만 때우는 이들에게 회사가 월급을 주는 것이 문제라고 주장한다. 아무 일도 안 하고 월급을 받아가는 이들이 없어져야 한다고 주장을 한다.

자기 위주 편향

'자기 위주 편향'이라는 말이 처음 들으면 영 여색하다. 그런데 영화 〈반지의 제왕〉에서 등장하는 캐릭터 골룸을 보면 쉽게 이해가 된다. 그 내면에 착한 골룸과 나쁜 골룸으로 분리가 되어 있듯이 우리 마음속에는 충신과 간신이 존재한다. 충신과 간신은 종이 한 장 차이라는 말이 있다. 어린 왕이 약하고 절망적일 때 옆에서 무조건 왕이 옳다고 말해주는 이는 충신이다. 그런데 그 어린 왕이 절대 권력을 가졌을 때 그 옆에서 여전히 왕이 무조건 옳다고 계속 말하면 간신이다. 반대로 어린 왕이 약하고 절망적이어서 아무 것도 할 수 없는데 악의 세력에게 굴복하지 말고 정의를 실천하라고 하는 경우, 의도는 충신이었다. 이런 경우를 의도적 충신이라고 지칭하자. 하지만 결국 어린 왕을 사지로 몰아서 죽음에 이르게 해 악의 세력을 이롭게 하는 결과를 가져오게 된다. 의도적 충신이 결과적으로는 간신이 된 것이다.

인간은 세상에서 가장 약한 존재로 태어난다. 그리고 어렸을 때도 자신보다 훨씬 강한 어른의 말을 들으며 살아야 한다. 좋은 어른 밑에서 풍요롭게 성장하는 축복을 받은 이에게는 자기 위주 편향이 필요 없다. 하지만 대부분은 시련을 겪으면서 성장하게 되고 시련을 극복하기 위해서는 자기 자신에게 용기를 주어야 한다. '팩트 폭력'이라는 말이 있다. 나에게 불리한 진실을 모두 있는 그대로 인정하다보면 좌절감과 두려움 때문에 마음이 성장할 수 없다. 자기 위주 편향도 한때 쓸모 있던 감정이었던 것이다. 하지만 지나치면 문제다. 한때 충신이었던 자기 위주 편향이 어느새 간신 역할을 하고 있는 것이다.

그런데 등수가 되었건, 시험 성적이 되었건, 월급이 되었건, 숫자로 드러나는 항목은 자기 위주 편향을 최대로 가동시키더라도 현실을 부정하기는 쉽지 않다. 하지만 성격, 취향 같은 주관적인 부분은 비록 아무 근거가 없더라도 내가 더 낫다고 생각할 수 있다. 백 명의 사람을 모아 놓고 당신은 상위 몇 퍼센트에 속하는지 물어보면 대부분의 사람들이 본인이 상위 20%에 든다고 말한다. 근거 없는 자신감인 것이다. 사실 이렇게 자신에 대해서 과대평가하는 성향이 꼭 나쁜 것만은 아니다. 자기 위주 편향은 응급상황에서는 도움이 된다. 현실을 바꿀 수 있는 수단도 없고 능력도 없다. 그런데 현실을 회피할 수단도 없다. 그럴 때는 아무 근거가 없더라도 나는 문제없다고 생각하는 것이 상책이다. 그렇게라도 순간을 넘기는 것이 낫다. 하지만 어느 선을 넘어서면 근자감이 되어버리는 것이다.

지나친 자기애를 피하는 법

이러한 근자감이 계속 이어지다보면 '자기애narcissism' 성향으로 이어진다. 자신을 대단한 사람으로 여기면서 다른 사람들이 자신에 대해 경탄해 주기를 바라고 또 다른 사람을 이용하려고 하는 성향도 '자기애'라고 부르는데, 불행히도 자신을 평균보다 낫다고 생각하는 성격은 그 대가를 치른다. 자신에 대해 이렇게 부풀려 보는 시각을 지니고 있는 경우 온갖 비용을 치르더라도 그러한 과대망상적인 시각을 방어하고자 한다. 공주병에 걸렸는데 왕자가 나를 좋아하지 않으면 괴롭다. 왕자병에 걸렸는데 공주가 나를 좋아하지 않으면 괴롭다. 자기애가 매우 높은 사람에게 어떤 사람이 그를 특별할 것 없는 사람으로 본다는 피드백을 주었을 때 그들은 모욕감을 느끼고 크게 화를 낸다. 자신을 과대평가하는 성향이 있으면 자신이 할 수 없는 일을 자신이 할 수 있다고 믿게 된다. 과정에서부터 문제가 발생하게 된다. 본인이 할 수 있다는 근자감 때문에 사업을 하면서 복잡한 일, 지루한 일, 힘든 일은 남에게 맡기게 된다. 시험을 준비하면서는 뜻대로 안 되기에 자꾸 딴짓을 하게 된다. 과대평가는 나에게 용기를 줄 수도 있지만 올바른 자기인식을 방해한다. 과대평가를 피하기 위해서는 객관적인 시각이 필요하다.

우선 다수의 의견을 따르는 것도 방법이다. 지금은 하지 않지만 초등학교, 중학교, 고등학교 때는 같은 반 아이들이 각자에 대해 한 마디씩 쭉 돌려가면서 적는 롤링페이퍼 문화가 있었다. 학급 인원이 40명이면 40명이 자신이 누구인지를 밝히지 않고 쓰는 것이다. 그러면 그중에는 좋은 얘기도 있지만, 싫은 얘기도 있다. 이런 방식처럼 진정 나에 대해서 알고 싶다면 사람들에게 익명으로 나에 대해서 한 줄로 써달라고 해보자. 그러다보면 그중에 나에 대해서 마음에 들지 않는 글도 있을 것이다. 하지만 그 글이 나의 자기과대평가를 줄이는데 도움이 될 것이다.

가족의 말도 도움이 된다. 부모님이란 자기 자식에 대해서 조금이라도 나은 존재라고 생각하고 싶다. 그런데 부모님마저 나에 대해서 "애야! 너는 너 자신에 대해서 과대평가를 하고 있는 것 같아"라고 언급한다면 그것은 대체적으로 맞는 의견이다. 형제는 나에 대해서 더 객관적이다. 형제는 어떤 의미에서 경쟁관계다. 부모의 애정을 놓고 다투는 관계다. 그러다 보니 형제는 부모보다 나에 대해서 더 객관적이다. 하지만 형제가 나에 대해서 과대평가를 지적하면 화부터 난다. '너는 뭐가 얼마나 잘나서 나에게 충고하는 거니'라는 생각이 들 수도 있다. 하지만 형제가 나에게 싫은 얘기를 해서 얻을 이익이 무엇인가? 만약에 부모에게 예쁨 받고 싶어서 그렇다면 부모님에게 나의 나쁜 일에 대해 고자질하는 것이 이득이다. 형제의 충고를 받아들이고 내가 좋은 사람이 되어서 부모의 예쁨을 받게 되면 나에게 충고를 한 형제는 관심을 덜 받게 되고, 나는 관심을 더 받게 된다. 형제에게는 손해이고 나에게는 이익이다. 자신에게 하나도 이익될 것이 없지만 하는 충고는 대부분 올바른 충고다.

친구는 어떨까? 친구들은 대체로 나에 대해 좋은 얘기를 해준다. 그런데 상당히 오래 사귄 친구가 나에 대해서 뭔가 작정을 하고 충고한다면 그에 대해서는 귀를 기울어야 한다. 더군다나 평소에 나를 아끼고 밥도 많이 사준 친구가 해주는 충고에 대해서는 신경을 써야 한다. 친구가 나에게 싫은 얘기해서 이득을 볼 것이 없다. 예외적으로 피해야 하는 충고는 술 취해서 하는 충고다. 술 취해서 하는 충고에는 감정이 섞이기 마련이다. 상대방을 위한 충고가 아닌 자기 기분을 풀기 위해서 충고를 하게 된다. 대학생 때는 자주 어울리던 친구가 있었다. 한 친구는 직장 생활을 하면서 바빠지고 한 친구는 지금도 하는 일 없이 놀고 있다. 그러다 오랜만에 만나게 되었다. 그래서 놀고 있던 친구가 바쁘게 지냈던 친구에게 "너 변했다"라고 하면서 조금 잘 나간다고 이렇게 사람 무시해서는 안 된다고 한다. 사실 이것은 충고가 아니다. 술에 취하면 감정적이 되면서 내가 옳다는 것을 증명하고 싶어 한다. 그러다 보니 멈추지 못한다. 충고한답시고 상대방을 비난하게 된다. 듣는 이 또한 마찬가지다. 술에 취하면 충고가 비난으로 느껴진다. 친구의 충고는 나 자신에 대한 과대평가를 바로잡을 수 있는 소중한 피드백을 제공해준다. 하지만 술에 취해서 하는 충고, 술에 취해서 듣는 충고는 도움이 안 된다. 커피를 마시건, 밥을 먹건 맨 정신에 들어야 그것이 마음에 새길 충고가 된다.

인터넷에 나에 대해서 올리는 것도 방법이다. 내가 뭔가를 시도하고, 중간에 자기조절에 실패한 사연을 올려보는 것이다. 연예인 글에 악플(악성댓글)이 달리듯이 조롱하는 글이나 악플이 달려서 실망할 수도 있다. 하지만 한 번 해보면 나에 대해서 객관적으로 바라볼 수 있다. 단 이때 절대로 나를 변명하고자 댓글을 달아서는 안 된다. 나를 비관적으로 보는 이가 있으면 그냥 덤덤하게 받아들이면 되는 것이다. 악플에서 교훈을 찾는다는 것은 솔직히 쉽지 않은 일이다. 나 역시 방송에 나가서 한 말에 대해 온라인 커뮤니티 등에서 악플이 달리고는 한다. 전체의 맥락과 상관없이 한 마디만 잘라서 비난하는 글을 읽으면 화가 난다. 때로는 자기가 듣고 싶은 말만 듣는 분도 있다. 하지만 악플 중에는 나름 올바르게 나에 대해 평가한 글도 있다. 막상 확인했을 때는 기분이 나쁘지만 악플에서 때때로 도움을 받기도 한다. 내 면전에서 나에게 싫은 얘기를 해주는 사람을 찾기란 쉽지 않다. 나도 사람인지라 누가 그러면 화가 날 것이다. 이처럼 악플러를 제외하면 누가 나의 단점을 지적해줄 수 있겠는가? 잘못된 자기애를 바로 잡으려면 때로는 악플도 유용할 수 있다.

 tip ·· 자기조절 잘하는 법

1. 나에게 유리하게 정보를 처리하는 심리를 '자기 위주 편향'이라 한다.

2. 자기애가 과하면 올바른 자기인식을 방해, 나쁜 일은 늘 남 탓으로 여긴다.

3. 잘못된 자기애, 자기 위주 편향을 극복하기 위해 온라인이나 지인 등을 통해 최대한 객관적인 평가를 받아보자.

나에 대한 과소평가를
피해야 한다

과대평가와는 반대로 자신에 대해 과소평가를 해서 문제가 있는 이
도 있다. 내가 할 수 있는 일인데도 할 수 없다고 생각하는 것이다. 그
런데 과소평가의 상당 부분은 감정과 연결되어 있다. 우리는 실패할
것 같다는 생각에 사로잡히면 두려워져서 자신에 대해 과소평가를 하
는 경향이 있다.

주위에서 어떻게 해야 책을 내는지 묻는 분들이 있다. 그럴 때 내가
권하는 방법은 블로그에 어느 한 주제에 대해서 매일 일정 분량 글을
써보라는 것이다. 그렇게 1년이 지나면 글이 모인다. 그것을 출판사에
보내는 것이다. 그게 아니면 내가 권하는 두 번째 방법은 글쓰기 양을

매일 조금씩 늘리는 것이다. 일단 한 페이지를 쓰고 다음날 두 페이지로 늘리고, 다음날 세 페이지로 늘리다보면 나중에는 100페이지가 되는 것이다. 하지만 이렇게 비록 방법을 알려드려도 실행하지 않는 분들이 대부분이다. 결국 나중에 책으로 만들어지지 못할까 두렵다는 것이다. 그런데 그것은 출판사가 판단할 일이다. 알 수 없는 것이다. 그런데 스스로에 대해서 과소평가를 하게 되면 그렇게 모은 글이 책으로 될 수 있냐고 하면서 시도 자체를 하지 않는다. 출판사에는 편집자가 있다. 원고가 가능성이 있다고 생각이 되면 통일성을 갖추기 위해서 방향을 제시해주기도 하고, 보충해야 할 부분을 알려주기도 한다. 그런데 자신을 과소평가하는 경우 아무리 설득해도 완벽한 책을 일단 완성해야만 한다고 생각한다. 그러면서 평생 책을 내지 못한다.

상담을 하다보면 전문 분야에서 일하다가 개인 사정으로 더 이상 일을 하지 않는 분들이 적지 않다. 간호사로 자격증을 취득한 후 오랫동안 쉬는 분도 있고 유명한 메이크업 아티스트로 일하다가 최근 몇 년간 쉬고 있는 분도 있다. 그런데 그런 분들을 대상으로 상담을 하다보면 경제적인 어려움으로 인한 스트레스와 불안 때문에 고민하는 경우가 적지 않다. 그러면 나는 다시 재취업을 권해드린다. 그러면 이분들은 경력단절자여서 혹은 나이가 많아서 자신을 안 써줄까 봐 고민이라고 한다. 그러면 나는 써줄지 안 써줄 것인지는 어차피 상대방이 결정하는 것이라고 말씀드린다. 똑같은 조건이라면 나이도 젊고 계속 일하던 분을 쓰는 쪽을 선호할지도 모른다. 하지만 병원이 되었건, 미용실이 되었건, 기업이 되었건 누군가를 쓸지 안 쓸지 결정하는 것은 내가 아니라 고용주들이다. 고용되길 희망하는 나는 일단 원서를 접수하고 면접을 보면 되는 것이다. 저들이 나를 채용하지 않는다고 해서 내가 손해 보는 것은 없다. 저들이 제시하는 조건이 마음에 안 들면 안 가면 되는 것이다. 조건이 문제인 것이지 어딘가에는 취업이 되기 마련이다. 하지만 아무도 나를 안 써줄 것이라는 막연한 두려움 때문에 지원 자체를 하지 않는 이들이 적지 않다.

시험도 마찬가지다. 우리는 시험을 친다고 하면 엄청나게 준비를 해야 한다고 생각한다. 그렇기 때문에 자격 시험을 보기 위해서는 준비를 엄청 많이 해야 한다고 생각한다. 준비를 하지 않으면 시험에 떨어질 것이라고 생각한다. 엄청나게 준비를 하지 않으면 시험을 보지 않는다. 그런데 시험은 붙을 사람은 붙고 떨어질 사람은 떨어진다. 시험을 본 후 떨어진다고 해서 내가 손해 볼 것은 없다. 그냥 일단 시험을 보면 된다. 되는대로 준비해서 시험을 보면 된다. 자꾸 시험을 보다 보면 어떤 부분이 부족한지 어떤 부분은 충분한지 알게 된다. 그런데 시험에 붙을 자신이 없다보니 손해 볼 것도 없지만 시험을 피하게 된다. 머릿속으로 생각하는 시험과 막상 보는 시험은 다른데 어차피 떨어질 시험 괜히 시간만 낭비하는 셈이라고 하면서 나중에 완벽히 준비를 하고 시험을 봐야지 생각하고 막상 시험을 보지 않는다.

이렇게 나의 실력을 무조건 과소평가하다 보면 나의 능력을 제대로 인지하지 못한다. 그런데 우리는 왜 내 실력을 과소평가하고 위험을 과대평가하는 것일까?

접근동기와 회피동기

심리학에는 '접근동기approach motivation'와 '회피동기avoidanc-e motivation'라는 용어가 있다. 접근동기는 긍정적 결과를 경험하고자 하는 동기다. 회피동기는 부정적 결과를 경험하지 않으려는 동기다. 그런데 인간은 회피동기가 접근동기보다 더 강력한 경향이 있다.

동전을 던져서 앞면이 나오면 10만 원을 받는다. 하지만 뒷면이 나오면 8만 원을 내야 한다. 확률로 따지면 2만 원을 딸 수 있다. 하지만 대부분의 사람들은 8만 원을 잃는 것이 두려워서 10만 원을 딸 수 있다는 것을 생각하지 못한다. 기회를 얻기보다 포기한다. 결국은 2만 원을 얻을 기회를 포기하는 것이다. 그런데 왜 이런 일이 생기는 것일까? 대다수 사람들은 8만 원을 잃는 고통을 10만 원을 따는 기쁨보다 더 크게 느끼기 때문이다. 이익이 손해보다 큰 경우에도 사람들은 손해를 보기 싫어서 이익을 포기하고는 한다. 그런데 어떤 일을 했을 때 10만 원 이익을 볼 수도 있고 손해를 볼 수도 있는 상황에서는 어떨까? 해봤자 아무런 소용이 없다고 하면서 안 한다. 10만 원이란 손해가 더 크게 느껴진다. 이익과 손실이 동일하다고 가정할 때 대부분의 사람들은 이익을 볼 때의 기쁨보다는 손해를 볼 때의 괴로움을 피하고자 움직이게 된다. 그래서 내가 공무원 시험이나 자격증 시험을 일단 한 번 보자고 할 때 대부분의 환자분들은 내 충고를 따르지 않는다. 아무 준비도 하지 않고 시험을 보면 아무 노력도 하지 않았기에 시험을 못 봐도 실패했다고 생각할 이유가 없다. 하지만 그것은 논리적으로만 그럴 뿐이다. 우리는 심적으로 실패를 두려워한다. 실패했을 때의 고통을 피하는 쪽으로 행동한다. 그러면서 이런저런 핑계를 댄다. 나는 겁쟁이라는 것을 인정하고 싶지 않으니 차라리 능력이 부족하다고 하면서 본인을 스스로 과소평가하는 것이다.

우울할 때 우리는 자신을 과소평가하게 된다. 그러면서 자신의 가치를 제대로 인식하지 못한다. 어떤 여성이 자신을 힘들게 하는 남자와 헤어지지 못하고 계속 사귀고 있었다. 헤어졌다가도 그 남자가 다시 연락을 하면 자신도 모르게 만났다. 그 남자는 양다리를 걸치면서 그 여자한테 차이면 다시 이 여성에게 연락을 했다. 여성은 자신이 자존감이 낮아서 그렇다고 생각했다. 그런데 문제는 우울증이었다. 우울증에 걸리면 색안경을 쓴 것처럼, 자신에 대해서 부정적인 면만 계속 생각하게 된다.

자기비난 역시 우리로 하여금 스스로를 과소평가하게 만든다. 조현병의 가장 주된 증상 중 하나가 환청이다. 어떤 여성이 하루는 자신에게 살이 쪘다면서 비난하는 환청을 들었다. 그녀의 체중은 점점 줄어들었다. 그런데 환청이 아니더라도 누군가의 비난을 듣다보면 자신의 능력을 온전히 평가할 수 없다. 너는 문제가 있다. 너는 아무 것도 못한다. 너는 무능력하다는 말을 계속 들으면서 성장한 이가 있었다. 그는 나이가 들어서도 아무도 자신을 좋아하지 않는다고 믿었다. 그리고 자신을 비난하는 어머니로 인해서 그런 생각이 점점 심해졌다. 주위에서 아무리 네가 괜찮다고 말을 해도 어머니의 비난을 들으면 아무 것도 할 수 없게 되었다.

과대평가도 문제지만 과소평가가 더 심각한 문제를 야기한다. 어떤 사람이 물에 빠져서 심장마비로 죽었는데 나중에 알고 보니 가만히 서있으면 코가 수면 위로 올라올 수 있을 정도로 얕은 물이었다. 그런데 본인이 물에 빠졌다는 생각 때문에 허우적대다가 심장마비로 죽은 것이다. 과소평가는 할 수 있는 것을 못하게 만든다. 그러다 보니 스스로 자신을 제약하게 된다. 이렇게 제약을 하다 보니 안 해야 할 것이 너무 많다. 그러다 보니 마치 너무 작은 옷을 입었을 때 몸이 답답하듯이 마음이 답답하다. 그로 인해서 이런 저런 문제가 발생하게 되고 자기조절에 실패하게 된다.

앞서 과대평가에서도 주변인들의 피드백이 중요했듯 과소평가를 피하기 위해서 주위 사람들의 피드백이 중요하다. 하지만 가족이나 친구의 피드백에는 긍정적인 왜곡이 따르게 된다. 내가 사랑하는 자녀, 내가 사랑하는 친구가 하는데 일단 좋은 쪽으로 생각하는 것이 인간의 마음이기 때문이다. 따라서 이럴 때는 전문가의 피드백을 듣는 것이 중요하다. 그리고 앞서 언급했듯이 나를 과소평가하는 경향이 있는 사람은 일단 무엇이든 직접 시도해보는 것이 중요하다. 뭐가 되었건 시험을 보거나 실전에 돌입하게 되면 현실적인 나의 상태를 파악할 것이기 때문이다.

 ··· **자기조절 잘하는 법**

1. 우리는 실패가 예견되면 나에 대한 과소평가를 하게 되고 문제를 회피하려고 하는 경향이 있다.

2. 자기비난은 스스로를 과소평가하게 만들거나 혹은 자기조절에 실패하는 큰 원인이 된다.

3. 과소평가를 피하고자 한다면 주변의 피드백을 객관적으로 다양하게 받아보자.

건강한
자존감을 키우는,
자기조절 연습

나도 깨닫지 못한
내 안의 강점지능 발견하기

2017년 8월 뉴스 중 특이한 소식이 있었다. 대만에서 바퀴벌레를 키워 많은 돈을 벌고 있는 어느 대학생이 화제가 된 것이다. 바퀴벌레 사육으로 월 평균 800만 원 정도를 벌고 있다고 한다. 평소 애완용 파충류를 키우던 학생은 돈을 아끼기 위해 파충류가 먹는 식용 바퀴벌레를 직접 키우기 시작했다. 그런데 그 바퀴벌레들이 엄청난 속도로 번식, 집에서 도저히 키울 수 없는 지경에 이르렀고, 인터넷을 통해 만난 바퀴벌레 애호가와 의기투합해 바퀴벌레 양식장을 운영하게 됐다고 한다. 이들은 270만 마리라는 엄청난 양의 바퀴벌레를 키웠고 소득도 배로 뛰었다고 한다.

도대체 이 대학생은 어떤 재능이 있어서 이렇게 성공할 수 있게 된 것일까? 우선 그는 파충류를 사랑한다. 파충류를 좋아하는 재능이 있는 것이다. 그는 파충류를 키우기 위해서 식용 바퀴벌레를 키우기 시작했다. 그런데 바퀴벌레를 키운다는 것이 쉬운 일이 아니다. 애정이 있기 때문에 가능한 일이다. 애완견이나 애완 고양이를 위해서 수제 먹이를 만드는 것만큼 정성을 요구하는 일이다. 그리고 바퀴벌레도 이렇게 잘 키운다는 것은 무엇을 하든 꾸준하고 성실하다는 것을 의미한다. 많은 사람들이 혐오감을 느끼는 바퀴벌레를 보고도 혐오스러워하지 않는다. 그것도 대단한 재능이다. 그리고 바퀴벌레가 너무 많아지면서 인터넷 동호회를 통해서 어떻게 해야 할지 의견을 나눈다. 그것은 누군가와 대화를 할 수 있다는 재능이다. 그리고 그는 동호회에서 만난 이와 함께 사업을 시작한다. 협력할 수 있는 재능을 지닌 것이다. 그리고 사업을 시작할 수 있는 실행력을 지니고 있는 것이다. 마지막으로 바퀴벌레를 키운다고 해서 사람들이 싫어해도 별로 신경쓰지 않는다. 다른 사람을 신경 쓰지 않는 것도 재능이었던 것이다. 그리고 그 무엇보다 중요한 것은 자신의 재능을 수용하고 인정한 것이다. 돈이 중요한 세상이라고 하지만 대부분 사람들은 여전히 그럴듯한 일을 하고 싶어 한다. 남들에게 자랑할 수 있는 일을 하고 싶어 한다. 그런데 이 학생은 그렇지 않았다.

성공지능을 찾아서

미국의 지능심리학자 스턴버그는 '성공지능'이라는 지능개념을 주장했다. 분석적 지능, 실용적 지능, 창의적 지능이 그것이다. 분석지능이 뛰어난 이는 시험을 치는데 뛰어나다. 명문대에 입학을 하거나 사법고시에 붙었다는 것은 분석지능이 남다르다는 것을 의미한다. 하지만 그것만으로 성공을 보장해주지 않는다.

스턴버그는 지능을 한 개인이 환경에 적응할 수 있는 능력이라고 정의한다. 그 환경은 학교일 수도 있고, 가정일 수도 있고, 직장일 수도 있고, 모임일 수도 있다. 지능은 적응이라는 목적을 위해서 존재한다. 지능을 사용해서, 혹은 지능이 작동해야 환경에 성공적으로 적응할 수 있다. 그리고 궁극적으로는 자신에게 유리하게 환경을 바꾸고 선택할 수 있다. 따라서 지능은 단지 머리 좋은 것 그 이상을 의미한다. 적응을 위해 필요한 두뇌능력의 모든 것을 포함한다. 그러기 위해서는 분석만으로는 부족하다. 분석한 결과를 실제 생활에 응용할 수 있어야 한다. 새로운 상황이 발생해서 기존의 방법으로 한계가 있을 때는 창의적으로 새로운 시도를 해볼 수 있어야 한다.

이러한 성공지능 이론은 ①분석적 지능, ②실용적 지능, ③창의적 지능으로 이루어진다고 해서 '삼원 지능론'이라고 일컫게 된다. 분석적 지능은 판단, 분석, 비교, 평가를 하는 지능이다. 공부를 잘하고, 시험에 합격하고, 보고서를 작성하고, 주어진 임무를 수행하는데 필요한 지능이다. 분석적 지능이 높은 것만으로도 누군가의 지시를 수행하는 것은 가능하다. 우리는 분석적 지능이 뛰어난 이들에 대해서 성공했다고 말을 한다. 분석적 지능이 뛰어나서 좋은 대학에 들어가고, 좋은 직장에 들어가는 경우 본인도 자신의 분석적 지능을 능력으로 수용하고 주위에서도 인정한다. 어려서부터 부모는 분석적 지능이 뛰어나서 공부를 잘하면 칭찬한다. 그런데 분석적 지능만 중요시하는 환경에서 성장하다 보면 이제부터 언급할 실용적 지능과 창의적 지능이 뛰어나도 그것을 스스로 재능으로 인지하지 못한다.

실용적 지능

실용적 지능에는 응용 능력이 포함된다. 살면서 쌓은 지식과 경험을 이용해서 시도하고 도전하는 능력이다. 강의를 예로 들면 분석적 지능이 뛰어난 이들은 이론을 잘 가르친다. 하지만 실제로 일을 하는 이들은 당장 실전에 써먹을 수 있도록 알려주는 강사를 선호한다. 대학생들을 상대로 수업을 할 때는 이론을 잘 가르치는 것이 중요하다. 막상 실전에서 써먹을 수 있는 지식을 가르쳐도 학생들은 들을 때는 재미있어 하지만 곧 잊어버린다. 너무 실질적인 내용만 갖고 강의하는 경우 일부 학생들은 교수가 이론적 깊이가 없다면서 거부감을 나타내기도 한다. 그런데 직장을 다니는 이들을 상대로 하는 전문대학원 강의를 할 때는 당장 실전에 써먹을 수 있는 내용을 강의해야 한다. 과거에는 '대학원'이라고 하면 연구실에서 하루 종일 연구를 하는 조교 이미지를 떠올리곤 했다. 하지만 최근에는 실용적인 학문을 가르치는 대학원들이 늘어나고 있다. 내가 미국에서 공부한 경영전문대학원Master of business Administration, MBA이 그런 대표적인 코스다. MBA에 진학하기 위해서는 최소한 2년간 직장생활을 해야 한다. 다양한 분야에서 종사하던 이들이 MBA에 지원한다. 미국 MBA에서 공부하던 시절 나 말고도 미국에서 의사 생활을 하다가 MBA를 온 이들이 여러 명 있었다. 학교 선생님을 하다 온 이도 있었고, 비영리단체에서 일하다 온 이도 있었고, 국가대표 운동선수였던 이도 있었고, 군인도 있었다. 그렇기 때문에 MBA 학생들은 뜬구름 잡는 식의 강의를 진짜 싫어한다. 실질적인 내용이 있어야 한다. 그렇기 때문에 학부 학생들이 좋아하는 교수님이 MBA 학생들에게는 낮은 평가를 받는 경우도 있다. 교수님이 어떤 기업의 사례에 대해서 강의하는데 실제로 그 회사에서 그 업무를 담당했던 학생이 일어나서 사실은 그게 아니라고 새로운 내용을 이야기하기도 한다. 그러면 교수는 그 학생이 바로 지금 알려준 정보에 근거해서 강의 내용을 바꿔야 한다. 학생들이 구체적인 사실에 근거해서 던지는 질문에 대해 현실을 반영하는 답을 해야 하는 것은 물론이다. 이처럼 분석적 지능에 더해서 실용적 능력이 있어야 한다.

실용적 지능이 없는 이들은 현실에서 동떨어진 이론에서 벗어나지 못한다. 현실에 도움이 되도록 이론을 이용하는 것이 아니라, 이론에 맞춰서 현실을 재단하고자 하며 현실에서 동떨어진 아이디어에 집착한다. 주위에서 실현 가능성이 없다고 충고해도 받아들이지 못한다.

실용적 지능은 정규교육을 통해서 익힐 수 있는 것이 아니다. 그보다는 일상생활을 통해서 더 많이 익히게 된다. 무엇에 대한 지식이라기보다는 무엇을 어떻게 하는지 방법에 대한 얘기다. 실용적 지능이 뛰어난 이들은 눈치가 빠르다. 인간이 글을 익혀서 글을 통해 뭔가를 배운 역사가 길지 않다. 그 이전에 우리는 모두 누가 뭔가 하는 것을 보고 따라서 배웠다. 서당 개 3년이면 풍월을 읊는다는 말처럼 보고 따라 하다 보면 잘 하게 되는 것이다. 실용적 지능이 뛰어난 이는 어느 집단에 들어가면 누가 힘이 있는지, 누구 옆에 있어야 하는지, 누구를 건드리면 안 되는지 금세 파악한다. 그래서 따돌림 받지도 않는다. 학교생활도 편하게 하고, 직장생활도 편하게 한다. 명문대를 나온 것도 아니고, 사법고시에 붙을 정도로 분석적 지능이 뛰어난 것이 아닌데도 자수성가해서 사업으로 성공하기도 한다. 명문대 출신도 아니고 특별히 배경이 좋은 것도 아닌데 출세하는 이들은 실용적 지능이 뛰어난 것이다. 그런데 부모, 학교, 사회는 실용적 지능이 높은 이를 폄하하고는 한다. "잔머리만 굴린다." "눈치만 빠르다." "요령만 피운다." "임기응변에 능하다." "깊이가 없다." "못하는 것이 없는데 그렇다고 아주 잘하는 것도 없다." "잡기에 능하다." "잡학다식하다." 등의 평가를 듣곤 한다. 그런데 이런 말만 듣다 보면 자신이 실용적 지능이 뛰어나다는 것을 수용하지 못한다. 가게를 하거나 식당을 해서 성공한 이가 분석적 지능이 뛰어나서 공부 잘한 사람들과 자신을 비교하고는 한다. 형제들 사이에서도 마찬가지다. 공무원이 된 자식, 대기업 들어간 자식, 공부 잘한 자식만 부모가 예뻐하는 경우 자수성가해서 성공한 자식은 소외감을 느낀다. 그러다 보면 정작 본인은 실용적 지능이 뛰어나 성공했으면서 자식에게는 분석적 지능을 요구, 시험을 보고 좋은 대학, 좋은 직장에 들어가라고 권한다. 그런데 자식 역시 분석적 지능보다 실용적 지능이 높은 경우 갈등이 발생한다. 그러다 보면 그 자식 역시 자신의 실용적 지능을 제대로 수용하지 못한다. 부모가 그랬듯이 자식도 자신의 실용적 지능을 오히려 부끄러워하기도 한다. 본인에게 강한 실용적 지능을 살릴 수 있는 직업은 멀리하고 본인에게 약한 분석적 지능을 요하는 시험에만 도전하는 경우도 있다. 시험에 거듭 실패하다 보면 자신의 인생도 실패한 것처럼 생각된다. 목표를 이루지 못하고 좌절하다 보면 '전반적 자기조절 불능 증후군Generalized self-control disable syndrome'에 빠지게 된다. 어느 한 가지에 반복적으로 실패하면 매사에 자기조절에 실패하게 된다. 안 되는 공부에 매달리다 보니 공부와 관련된 자기조절에 실패하게 된다. 그러다 보니 일을 할 때도 끈기가 없고, 한 가지를 오래 하지 못하고, 감정조절에도 실패하고, 생활도 불규칙해진다. 처음에는 공부에 대해서만

'자기조절 불능'이었는데 나중에는 삶의 모든 영역에 대해서 자기조절 불능 상태에 빠지는 것이다. 정작 자수성가해서 성공한 이들도 자식에게는 좋은 대학 들어가기만 강요하고 공부에 실패하면 모든 것에 실패했다고 여기는 것이다.

창의적 지능

창의적 지능은 발명, 창의, 설계와 관련된다. 자신은 창의적인 일을 해야 한다는 사람들 중에서 실제로 창조적인 능력이 있는 사람은 극소수다. 창의력이 자신의 재능이라고 주장하는 사람들 대다수는 나에게 이런 지루한 일은 어울리지 않는다는 말을 습관적으로 하면서 살아간다. 그래서 자신은 창조적인 일을 해야만 한다고 한다. 그런데 이런 분들의 상당수는 충동적이고 자유분방하다. 지루한 것을 못 참는 것과 창조적인 것은 다르다. 신기한 것을 좋아하는 것과 창조적인 것도 다르다. 스스로 창의적이라고 주장하는 분들의 얘기를 들을 때처럼 지루할 때가 없다. 어디에선가 많이 들은 얘기를 끝없이 반복한다. 창조, 창의에 대한 책이나 강연 혹은 사업 아이템을 반복해서 얘기한다. 하지만 누군가의 것을 반복하는 순간 그것은 창조가 아니고 진부함이다. 그런데 본인은 자신이 창의적이라고 착각한다. 그러면서 자신의 진부함을 수용하지 못한다. 자신의 두뇌로는 진부한 일이 가장 어울리는데 본인은 창의적인 일이 맞다고 주장한다. 지루함을 견디지 못하고 충동적이기 때문에 진부한 일을 싫어하는 것이다. 이런 사람이 창의적인 일에 뛰어들면 역시 실패한다. 창의적인 일처럼 집중을 요하고, 반복을 요하고, 괴로운 일이 없기 때문이다. 소설 쓴다고 다 창의적이 아니다. 노래 작곡한다고 다 창의적이 아니다. 자기도 모르게 표절을 하면서 본인은 창의적이라고 착각하는 경우는 자신이 창의적이 아니라는 것을 인정해야 한다. 자신이 창의적이 아니라는 것을 수용하지 못하는 한 같은 실수를 되풀이한다.

우리는 창의적이라고 하면 영화에 등장하는 괴짜 발명가를 떠올린다. 하지만 나는 창의적이라고 할 때 설비업체 사장님이 떠오른다. 집에 물이 새거나, 보일러가 망가지게 되면 설비업체에 연락한다. 원인이 무엇인지 알 수 없는 경우가 많기 때문이다. 부품을 교체해야 하는데 너무 오래 되어서 부품을 구할 수 없을 때가 있다. 그럴 때 대다수 설비업체에서는 통째로 바꿔야 한다고 주장한다. 또는 벽에서 물이 새니 벽을 모두 뜯어야 한다고 한다. 때로는 모르겠다고 하고 가버린다. 하지만 어떻게든 문제를 해결해내는 분들이 있다. 나는 그런 분들이 진짜 창의적이라고 생각한다. 실제로 사용 가능할지 의문이 드는 괴상한 물건을 만들고서 자신이 발명한 물건의 진가를 세상이 알아봐주지 않는다고 푸념하는 이들은 그저 창의적이라는 말을 듣고 싶을 뿐이다. 창의적이라고 스스로를 속이고 싶을 뿐이다. 지루한 것을 못 참아서, 끈기가 없어서, 충동적이어서 남들 다 다니는 직장에 적응 못하는 것이라는 것을 부정하고 싶다. 그러다 보니 '나는 창의적이기에 이런 일은 해서는 안 된다'라고 잘못된 합리화를 해서 스스로를 속이게 된다. 남들이 해결하지 못하는 문제를 해결하는 것이 진짜 창의적인 것이다. 직장이건 가정이건 매일 매일 발생하는 문제를 손쉽게 해결하는 이들이 진짜 창의적인 사람들이다.

그렇다면 어떤 사람을 창의적이라고 할 수 있겠는가? 배가 고파서 견딜 수 없을 때 인류 최초로 남들이 먹지 않던 문어, 새우, 조개를 먹을 생각을 한 사람이 창의적이다. 남들은 낚시를 하거나 그물을 잡아서 물고기를 잡으려 할 때 물고기를 키울 생각을 하고 양식장을 만든 사람이 창의적이다. 자장면을 제일 처음 만든 사람도 창의적이다. 망해가는 목욕탕을 찜질방으로 최초로 개조한 서울의 이름 모를 누군가 역시 창의적이다. 대기업이나 명문대학의 연구소에서 대단한 연구를 한다고 거만을 떠는 이들보다 이런 이들이 진짜 창의적이다. 그런데 창의적인 이들 중에서 상당수는 자신이 창의적인 줄 모른다. 그러다 보니 창의적인 이들의 상당수는 창의성을 자신의 능력으로 수용하지 못하고는 한다. 반대로 진부한 이들 중 상당수는 자신이 창의적이라고 착각한다. 그들은 차라리 진부함을 자신의 능력으로 수용해야 한다. 진부함을 견디는 것도 능력이다. 지루한 것을 견디지 못하는 충동적인 이들은 익숙한 것을 반복할 수 있을 때 비로소 자기조절에 성공하게 된다.

그뿐이 아니다. 지능심리학의 대가 하워드 가드너는 인간에게는 다음 10가지 재능이 있다는 다중지능이론을 주장한다. 그런데 이 중에서 우리는 대학에 가는데 쓸모 있는 재능만 재능으로 수용하고 대학에 가는 것과 관련 없는 재능은 재능으로 생각하지 않는다.

하워드 가드너가 주장한 인간의 10가지 지능

1. 언어지능

2. 논리-수학적지능

3. 공간 지각 능력

4. 신체-근육 능력

5. 음악지능

6. 대인관계지능

7. 자기성찰지능

8. 자연주의적지능

9. 실존지능

10. 영성지능

이 중에서 언어지능, 논리-수학적지능, 공간지능이 뛰어난 이들은 어려서부터 공부를 어느 정도 잘 할 수 있다. 신체-근육 능력이 뛰어난 이는 운동을 잘하고, 음악지능이 뛰어난 이는 음악을 잘한다. 그림을 잘 그리는 이는 일단 공간지능이 어느 정도 뛰어나야 한다. 춤을 잘 추건, 게임을 잘 하건, 바둑을 잘 두건 앞서 언급한 재능과 관련이 있다. 그런데 하워드 가드너가 주장하는 다중지능 중에서는 우리가 흔히 재능으로 간주하지 않는 것들이 몇 가지 있다.

대인관계지능과 자기성찰지능

대인관계지능부터 살펴보자. 대인관계지능을 간단히 말하면 사람들과 잘 지내는 재능이다. 회사에 들어가서 영업을 하건, 가게를 하건 사람을 대해야 한다. 친절할 때는 친절하고 끊을 때는 끊어야 한다. 자신에게 해가 되는 사람을 피하고 도움이 되는 사람과 잘 지낼 수 있어야 한다. 대인관계지능이 좋아야 좋은 배우자를 만나서 행복한 결혼생활을 한다. 대인관계지능이 좋아야 처갓집이나 시댁과도 잘 지낸다. 아이들이 성장할수록 부모 자식 간에도 대인관계지능이 필요하다. 그리고 '구슬이 서 말이어도 꿰어야 보석'이라는 말처럼 아무리 특정지능이 우수하더라도 이 지능이 없다면 사회에서 재능을 발휘할 수 없다. 비록 그 재능이 아주 우수하지는 않더라도 대인관계지능이 더해지면 놀라운 힘을 발휘할 수도 있다. 체육특기자로 대학에 들어갈 정도로 우수한 것은 아니지만 전반적으로 운동을 잘하는 사람이 대인관계지능도 우수한 경우 운동을 통해서 좋은 인맥을 만들 수 있다. 그 인맥으로 직장에서 남보다 빨리 출세하고 사업도 성공적으로 이끌 수 있다. 즉, 약간 잘하는 정도인 재능이더라도 대인관계지능이 더해지면 강력한 힘이 된다.

자기성찰지능은 자신이 무엇을 할 수 있고 무엇을 할 수 없는지, 자신이 과연 어떤 사람인지 알 수 있는 지능이다. 자기성찰지능이 우수한 사람은 당당하면서도 겸손하다. 대인관계지능이 뛰어난 사람 중에는 자신의 재능을 지나치게 믿는 이들이 종종 있다. 자기가 누구든지 설득할 수 있다고 믿는다. 하지만 듣는 이의 입장에서는 분수를 모르는 사람이라 여겨진다. 이런 경우 그는 대인관계 능력이 뛰어났을지 모른다. 하지만 자기성찰지능이 낮은 것이다. 그래서 자신의 대인관계 능력을 과대평가하고 분수를 모르고 아무나 설득하려 든다. 이들은 자기성찰지능이 낮은 것이다. 누군가 대인관계지능도 우수하고 자기성찰지능도 우수하다면 그는 어느 조직에 가서든 존경받는 사람이 될 것이다. 자기성찰지능이 우수한 사람은 절제할 수 있다. 성공한 이들 중 상당수는 탐욕 때문에 몰락한다. 반면 자기성찰지능이 뛰어난 사람은 어디에서 멈춰야 하는지 알고 멈춰야 할 때 멈출 수 있기 때문에 실패 확률을 줄일 수 있다.

실존지능과 자연주의적기능

실존지능은 풀어서 설명을 하자면 '고통을 견디는 재능'이다. 인생을 살다 보면 난관에 처하게 되며, 단 한 번의 실패도 없이 죽을 때까지 계속 성공하는 이는 없다. 누구는 실패를 극복하고 누구는 실패 앞에서 주저앉는다. 100억 원을 소유했다가 어느 날 갑자기 몰락해서 10억 원만 남는 경우 아직도 10억 원이라는 엄청난 돈이 남아있지만 그 몰락을 견디지 못하고 나쁜 선택을 하는 경우도 있다. 바로 실존지능이 없어서 그런 것이다. 반면에 실존지능이 뛰어난 사람은 그 10억 원을 가지고 다시 시작한다. 부모님들이나 선생님으로부터 심한 야단을 맞고도 야단맞을 때만 기분이 상했다가 한 두 시간 지나서는 웃고 떠드는 아이들이 있다. 부모님이나 선생님께서는 그런 아이를 보면서 참 성격 하나는 좋다고 생각한다. 하지만 사실 그런 아이들은 실존지능이 뛰어난 것이다. 그런 아이는 나중에 성인이 되어서도 아무리 심한 일을 겪더라도 웃으면서 넘길 수 있다. 실패가 두렵지 않기에 더 많은 것에 도전하고 더 많은 것을 경험하면서 인생을 살아간다. 상상할 수 없는 스트레스를 반복적으로 견디는 이들은 실존지능이 뛰어나다. 실존지능이 높기에 힘든 세월을 이겨낼 수 있었다. 어떤 이는 자신이 선택한 경우 고통을 두려워하지 않는다. 본인이 선택한 고통을 견디는 데는 대단하다. 하지만 자신이 선택한 것이 아닌 고통에 대해서는 분노한다. 그리고 수치와 수모를 견딜 수 없기에 목숨을 내건 결단을 하기도 한다. 이런 이는 내가 선택한 상황에 대해서는 강력한 전사의 의지로 고통을 견딘다. 실존지능 레벨이 측정불가하다.

　자연주의적지능도 흔히 간과되는 재능이다. 유명한 산악인들 중에는 고등학교 때까지 자신이 아무런 재능도 없다고 생각을 하면서 살다가 대학교 산악반에 들어가면서 자신이 산을 타는 놀라운 재능이 있다는 것을 깨닫게 되는 이들이 있다. 농장을 하면서도 실패하는 사람과 성공하는 사람이 있다. 아무나 가축을 잘 키우는 것도 아니다. 아픈 소도 잘 돌봐서 좋은 소가 되도록 사육하는 사람이 있는 반면 멀쩡한 소도 비실비실하게 만드는 사람이 있다. 흔히 풀을 잘 키우는 것이 무슨 재능이냐고 하지만 난 중에서 비싼 난들은 한 촉당 금액이 억 단위로 넘어간다. 도시에 사는 이가 자연주의적지능이 뛰어난 경우처럼 안타까운 것이 없다. 나이가 들어서 귀농을 하고서야 뒤늦게 자신에게 농사를 잘 짓는 재능이 있다는 것을 비로소 알게 된다. 하지만 그때는 너무 늦었다. 동물을 좋아하고, 식물을 좋아하고, 산을 좋아하고, 바다를 좋아하는 것도 잘만 키우면 훌륭한 재능이 될 수 있다. 요새 가장 뜨는 유튜브 중에서 〈크림 히어로즈〉라는 1인 방송이 있다. 고양이를 좋아하는 사람들이 구독한다. 그런데 고양이를 키우는 이를 집사라고 칭한다. 〈크림 히어로즈〉를 방송하는 이는 '크집사'로 통한다. 크집사는 원래 일본에서 IT회사에 다닌 것으로 알려져 있다. 그런데 고양이를 너무 좋아하고 잘 키우다보니 그것인 1인 방송으로 이어져서 폭발적인 반응을 얻고 있다. 이처럼 동물과 잘 지내는 것도 재능인 것이다.

영성지능

마지막으로 영성지능이 있다. 운동이 되었건, 음악이 되었건, 그림이 되었건, 게임이 되었건 뭔가에 몰두해서 자기망각을 할 수 있는 이가 있다. 이런 경우 자기망각을 통해서 스트레스를 해소한다. 어떤 이는 자연의 신비로움을 접하면 스트레스가 풀린다. 어떤 이는 신앙심이 깊어서 기도를 하고 예배를 드리면서 고난을 극복한다. 이런 성향을 '자기초월'이라고 한다. 자기초월지수가 높으면 시련을 견디는 데 유리하다. 무한한 시간의 관점에서 현재를 평가하면서 괴로움을 누를 수 있다. 스트레스에 직면했을 때 논리적으로 받아들일 수 없는 고통에 대해서 의미를 부여할 수 있는 강점을 가진것이다.

미국의 '강점심리학의 아버지'라 불리는 마커스 버킹엄이란 저자가 쓴 《위대한 나의 발견, 강점혁명》을 읽어보면 유명 리서치 기관에서 30년 간 가능한 모든 직종과 업무 분야에서 뛰어난 재능을 지니고 있는 이들을 인터뷰한 내용을 취합해서 분석을 했다고 한다. 그리고 리서치 기관의 연구진들은 성공에 관여하는 34가지 강점 테마를 분류했다. 34가지 강점 테마는 개발자, 개인화, 경쟁, 공감, 공평, 관계자, 긍정성, 매력, 맥락, 명령, 미래지향, 복구자, 분석가, 사고, 성취자, 신념, 신중함, 연결성, 의사소통, 자기확신, 적응력, 전략, 조정자, 조화, 중요성, 질서, 착상, 책임, 초점, 최상주의자, 탐구심, 포괄성, 학습자, 행동주의자였다. 그런데 놀랍게도 성공한 이들 중 상당수는 자신의 재능을 너무나 평범한 것으로 여기는 경향이 있었다. 심지어 자신은 아무 재능도 없는데 운이 좋아서 성공했다고도 한다. 빈말로 그러는 경우도 있지만 진짜 그렇게 믿는 사람도 있다. 겸손해서일 수도 있다. 하지만 자신의 재능을 수용하지 못해서일 수도 있다. 그런 경우 "운이 좋았다"라고 하기도 하고 성공의 이유를 남에게 돌리기도 한다. 하지만 몰라도 지금 하던 대로 계속하면 다행이다. 그런데 문제는 정작 나에게 있는 재능은 수용하지 못하면서 나에게는 없고 남에게 있는 재능을 좇는 경우다. 그러다 보면 나중에 정작 나에게 있는 재능마저 사라지는 수가 있다. 그러니 이제 본인에게 맞는 재능이 어떤 것이 있는지 위에 소개된 항목을 보면서 체크해보자. 어쩌면 나는 내가 생각했던 것보다 훨씬 더 많은 재능을 가진 우수한 지능일 가능성이 높다.

---

tip ·· 자기조절 잘하는 법

1. 성공지능엔 분석적 지능, 실용적 지능, 창의적 지능이 있다.

2. 목표를 못 이루고 실패를 반복하면 전반적 자기불능 증후군에 걸리기 쉽다.

3. 다중지능이론에 의하면 우리가 다 깨닫지 못한 다양한 재능이 있다. 나만의 강점을 잘 살펴보고 키워보자.

자기기만을 멈추고 상황을
객관적으로 판단하는 연습

계속 망하는데도 끝없이 사업을 하는 이들이 있다. 이들은 항상 운이 없었다고 말한다. 정육점을 차렸는데 광우병 파동으로 망하고, 오리고기 집을 열었다가 조류 독감 때문에 망하고, 여름철 피서객들을 상대로 가게를 열었는데 메르스 사태로 사람들이 이동하지 않아서 망했다고 한다. 하지만 똑같이 힘든 상황에서 개업했지만 망하지 않고 버티는 사람도 있다. 그 차이는 어디에서 날까? 개업을 하면서 가장큰 차이는 여유자금이다. 어떤 사람은 최악의 상황을 가정하고 사업이 정상화되기까지 1년은 걸릴 것이라고 생각한다. 1년을 버틸 여유자금이 있는 상태에서 개업한다. 어떤 사람은 최상의 상황을 가정하고 사업이 정상화되는데 3개월이면 족하다고 생각한다. 그런데 막상 그보다 돈이 더 들다 보니 3개월은커녕 1개월만 지나도 돈이 부족해서 절절 맨다. 반복적으로 사업을 실패하는 사람들을 보면 상황 탓을 하고 내 문제를 보지 못한다. 그러다 보니 당연히 실패하게 되는 것이다. 내 문제를 보지 못하는 한 아무리 열심히 해도 실패한다. 내가 열심히 하지 않아서라고 생각하면서 실패의 원인을 노력 부족에서 찾는 경우 문제는 더욱 심각해진다. 열심히 하면 할수록 더 빨리 더 크게 실패할 것이기 때문이다.

자기조절 역시 마찬가지다. 자기조절이 실패한 원인을 제대로 파악하지 못하는 한 열심히 하려고 하면 할수록 더 심각한 자기조절 불능 상태에 빠질 것이다. 일이 뜻대로 되지 않고 자기조절에 실패했다는 생각이 들 때 우리는 내가 왜 그런 행동을 했을까 고민하게 된다. "도대체 왜 그런 것일까?" 스스로에게 질문하게 된다. 이렇게 행동의 원인에 대해서 생각해보는 것을 '귀인attribution'이라고 한다. 이런 귀인에는 두 가지 방식이 있다.

상황 때문이라 생각하는 경우와 사람 때문이라 생각하는 경우가 있다. 누군가의 어떤 행동에 대해 상황에서 이유를 찾는 경우 '상황귀인situational attribution'이라고 한다. 마이너스의 손을 지닌 사업 중독자의 경우 상황에서 원인을 찾는다. 운이 없어 일이 잘 안되었다고 생각하는 것이다. 나에게 잘못이 있다는 생각은 하지 않는다.

성향귀인과 상황귀인

어떤 행동에 대해서 사람 탓을 하는 경우를 '성향귀인dispositional attribution'이라고 한다. 동료가 실수를 했다. 그 일에 대해서 동료가 원래 부주의해서, 게을러서 혹은 나를 일부러 훼방 놓고 싶어서 일부러 실수를 했다고 생각한다면 성향귀인을 하고 있는 것이다. 그런데 만약 너무 바쁘고 경황이 없어서 어쩔 수 없이 실수를 했다고 생각하면 상황귀인을 하는 것이다. 그런데 인간은 나에게는 너그럽게 남에게는 비판적인 성향이 있다. 일이 잘 되면 내가 잘해서 잘 된 것이라고 생각하면서 나에 대해서 긍정적 성향귀인을 한다. 반면 일이 잘 안 풀리면 내 잘못이 아니라 남이 잘못해서라고 생각하면서 남에 대해서 부정적 성향귀인을 한다. 그러면서 상황이라는 변수에 대해서는 경시하는 것이다.

그런데 상황귀인이 성향귀인보다 우수한 것도 아니고 성향귀인이 상황귀인보다 우수한 것도 아니다. 상황의 문제에 대해서는 상황귀인을 하고 개인의 문제에 대해서는 성향귀인을 하는 것이 중요하다. 나라는 개인의 문제를 상황의 문제로 몰고 가면 나는 상황을 바꾸고자 기를 쓸 뿐 나를 바꿀 생각은 하지 않을 것이다. 따라서 자기조절에 실패한다. 반대로 상황의 문제를 개인의 문제로 몰고 가면 억지로 나를 조절하려고 노력할 뿐 상황을 바꿀 생각은 하지 않을 것이다. 따라서 이 역시 자기조절에 실패한다. 따라서 자기조절에 성공하기 위해서는 상황의 문제에 대해서는 상황귀인을 하고 개인의 문제에 대해서는 성향귀인을 해야만 한다. 그렇다면 어떻게 해야 상황이 원인인지 사람이 원인인지 올바로 파악할 수 있을까?

상황이 원인인지 사람이 원인인지를 판단하기 위해서는 다음과 같은 3단계 점검이 도움이 된다.

★1단계 점검: 그 사람의 행동이 반복적이었나?

★2단계 점검: 유사한 다른 행동을 일으킨 적이 있었나?

★3단계 점검: 동일한 상황에서 다른 사람들은 어떻게 행동하는가?

나에 대해서도 이런 기준을 한번 적용할 필요가 있다. 당신이 이번에 공무원 시험에 도전했다가 실패했다고 상상해보자. 당신은 지금 다시 공무원 시험에 도전해야 할지 포기해야 할지 고민이다.

1. 과거에 내가 어떻게 시험을 치렀는지를 돌이켜봐야 한다

시험이 너무 어려워서 운이 나빴을 수도 있다. 경제적 여유가 없어서 학원에 계속 다니지 못한 것이 이유일 수도 있다. 하지만 그 이전에도 이런 저런 시험에 도전했다가 실패한 경험이 많다면 어쩌면 오랜 기간 준비해서 치러야 하는 시험이 나에게 맞지 않는 것일 수도 있다. 일단 내가 바뀌지 않는 이상 계속 도전해도 실패할 가능성이 크다. 하지만 과거에 치렀던 다른 시험에서는 노력한 만큼 성과를 거두었고 이번에만 실패한 것이라면 상황이 문제일 가능성이 크니 다시 한 번 도전해 봐도 된다.

2. 내가 다른 영역에 있어서 어떻게 행동하는지를 봐야 한다

시험을 준비하는 것이 아니더라도 평소에 다른 일도 내가 처음에는 막 열심히 하다가 어느 정도 시간이 지나 열정이 확 식어버렸다면 나는 지루한 일을 견디지 못하는 성격이다. 만약 평소에는 멀쩡하다가 시험을 준비하면서는 왠지 불안하고, 우울하고, 생각이 많아지고, 잠도 잘 못 자서 생활이 전반적으로 엉망이었다면 우울증이 있는 것이다. 이런 경우 역시 시험을 치루기에 앞서 지루함을 견디는 능력을 향상시키거나 우울증을 치료하는 것이 우선이다. 하지만 친구들과도 재미있게 지내고, 마음도 긍정적이었고, 불안하지도 않은 상태에서 열심히 최선을 다 했는데 아무 이유 없이 평소 실력이 발휘되지 못하고 시험을 망쳤다면 운이 없었던 것이니 다시 도전해도 된다.

3. 내 능력, 내 노력과 상황을 다른 사람과 비교해봐야 한다

다른 사람만큼 능력이 있다면 다시 도전하는 것이 맞다. 하지만 문제는 자신의 능력을 객관적으로 판단하는 것이 쉽지 않다는 것이다. 공무원 시험은 기본적으로 언어능력을 보는 시험이다. 원래 공부를 잘하던 사람이 잘 볼 확률이 높다. 하지만 많은 사람들이 과거에는 노력이 부족해서 시험을 못 봤다고 생각을 한다. 따라서 이번에 열심히 하면 결과가 다를 것이라고 생각한다. 노력이 부족해서 시험을 못 봤다고 판단하니 얼핏 보면 성향귀인을 하는 것 같다. 하지만 그렇지 않다. 왜 노력이 부족했는지 생각해볼 때 많은 사람들이 자신이 노력하지 못했던 이유를 집안 분위기가 안 좋아서, 친구 관계나 이성 관계로 힘들어서 등 상황 탓으로 돌리고는 한다. 이런 경우 결과적으로 상황귀인을 하고 있는 것이다. 이렇게 그때는 이런 저런 상황 때문에 노력을 못했지만 지금은 노력할 수 있다고 주장하는 이들이 많다. 그러면서 자신이 처했던 상황이 다른 사람이 처한 상황보다 더 불리했다고 생각하는 것이다. 똑같은 상황에서도 나보다 더 좋은 결과를 낸 사람이 있다는 것은 평가 절하한다. 그러다 보니 상황이 나아지고, 노력을 더하면 시험에 합격할 것이라고 생각한다. 하지만 이런 생각으로 다시 시험을 치른다면 아마도 실패할 가능성이 크다.

인간은 누구나 자신의 상황이 원인인지 사람이 원인인지를 비교적 정확하게 판단한다고 믿으면서 산다. 하지만 우리들 대부분은 그렇지 못하다. 사람이 문제인지 아닌지 여부를 미리 생각하는 경향이 있다. 사람이 문제가 아니라는 판단이 서면 그제서야 상황의 문제에 대해서 고려하게 되는 것이다. 하지만 일단 사람이 문제라는 생각에 사로잡히면 상황에 대해서는 덜 고려하게 된다. 내가 좋아하는 사람이 약속시간에 늦으면 길이 막혔을 것이라고 생각한다. 내가 싫어하는 사람이 약속시간에 늦으면 일부러 늦게 나왔을 것이라고 생각한다. 자신이 왜 늦었는지 상대방이 설명하면 할수록 핑계를 대는 것 같아 기분만 더 나빠진다. 이렇게 구구절절 변명을 하는 것을 보니 늦게 나온 게 틀림없다고 확신할 뿐이다. 일단 사람 탓이 아니라고 생각이 든 후에 상황을 생각하게 되는 것이다.

자기조절을 실패하게 만드는 오류

그러다 보니 우리는 어떤 사람의 행동이 상황에 기인했음에도 불구하고 성향귀인을 하기도 하고, 어떤 사람의 행동이 성향에 기인했음에도 불구하고 상황귀인을 하기도 한다. 이것을 '귀인 오류fundamental attribution error'라고 한다. 옆에서 보기에는 부모덕으로 잘 사는 것이 분명하다. 하지만 본인은 능력이 있다고 착각한다. 자기 하고 싶은 대로 하면 더 크게 성공할 것 같다. 부모가 간섭을 해서 성공을 가로막고 있다고 생각한다. 심지어는 자기 덕에 회사가 돌아가서 부모님이 자기 덕을 보고 있다고 착각하기도 한다. 부모 잘 만난 덕에 이 정도 산다고 상황귀인을 해야 함에도 불구하고 본인은 부모 도움 없이도 충분히 살아갈 수 있었을 것이라고 본인에 대해서 과도하게 긍정적인 성향귀인을 하는 것이다. 그러다 보니 부모님이 돌아가시고 받은 유산으로 사업을 하다 쫄딱 망한다. 하지만 자신이 애초에 능력이 없었다는 것을 인정하고 싶지 않다. 그렇기 때문에 자기가 잘못해서 망해 놓고서는 동료들이 배신을 했다, 자신이 너무 운이 없었다고 떠들어 댄다. 잘 될 때는 내가 잘해서 잘 된 것이고, 안 될 때는 상황이 안 좋 아서 안 된 것이다. 내가 시험을 못 보면 운이 없는 것이고, 남이 시 험을 못 보면 능력이 없거나 노력을 안 하는 것이다. 내가 어떤 행동 을 해서 좋은 결과가 발생하면 내가 잘 났다고 성향귀인을 한다. 반대 로 타인이 어떤 행동을 해서 좋은 결과가 발생하면 운이 좋았다고 상 황귀인을 한다. 안 좋은 일이 발생했을 때는 반대다. 타인의 행동에 대해서는 성향귀인을 하고 동일한 행동인데도 자신의 행동에 대해서 는 상황귀인을 한다. 타인이 실패를 하면 능력 부족, 노력 부족을 원 인으로 찾는다. 내가 실패를 하면 운이 없었다고 생각한다. 운도 실력 이라고 표현하기도 하는데 얼핏 들으면 성향귀인을 하는 듯하다. 하 지만 "운도 실력이다"라는 말의 밑에는 나의 실력 자체는 문제가 없 다는 생각이 깔려있다. 내 실력은 문제가 없으니 결국 문제는 상황인 것이다. "운도 실력이지"라고 나의 부족함에 대해서 성향귀인을 하는 척하면서 결국은 상황귀인을 하는 것이다. "부하 직원의 실수 역시 제 부덕의 소치입니다"라는 말 역시 마찬가지다. 이렇게 똑같은 행동도 내가 하느냐 혹은 남이 하느냐에 따라서 다르게 판단하는 것을 '행위 자-관찰자 효과actor-observer effect'라고 한다. 내가 하면 로맨스 남이 하 면 불륜인 것이다.

그런데 왜 이런 심리가 작동하는 것일까? 우선 상황을 객관적으로 판단하는 것이 쉽지 않다. 환자들의 입장에서 의사들의 실력이 모두 같을 수는 없다. 하지만 의사들은 모두 본인이 훌륭한 의사라고 생각하면서 살아간다. 인턴, 레지던트, 전임의 과정을 거치며 의사 생활을 할 때는 교수들이 단점을 지적하고 야단도 친다. 동료 인턴, 레지던트, 전임의와 비교도 당한다. 하지만 개원을 하고 병원의 최고 책임자가 되면 나를 야단칠 이도 없고, 지적할 이도 없고, 비교할 사람도 없다. 그리고 대부분의 환자들은 의사 앞에서 불만을 얘기하지 않는다. 아무리 의사의 나이가 자신보다 어리더라도 존댓말을 쓴다. 그런데 환자들이 의사의 의견에 반대하지 않고 존댓말을 쓰는 것은 의사를 존중해서이기도 하지만 불만을 얘기했다가 자신에게 해를 끼칠까 두려워서다. 만약에 그 의사가 마음에 안 들면 환자는 다른 의사를 찾는다. 그러다 보니 의사들은 환자들이 자신에 대해서 훌륭한 의사라고 생각할 것이라고 지레짐작을 한다. 실제로 환자는 의사는 별로지만 집에서 가깝고, 주차가 좋아서 처방전을 받기 위해 병원에 오기도 하는 것이다. 하지만 의사는 환자가 그런 이유에서 자신에게 올 것이라고는 꿈도 꾸지 못한다. 환자가 자신을 좋은 의사라고 생각하기 때문에 오고 있다고 생각한다. 때때로 치료에 대해서 불만을 표시하는 환자가 있더라도 자신이 문제가 있다고 생각하기보다는 환자가 유난히 예민하다고 성향귀인을 한다. 우리가 중학교, 고등학교, 대학교를 다닐 때는 계속 평가를 받는다. 대학을 졸업하고 직장생활을 할 때도 마찬가지다. 하지만 직장을 그만두고 시험을 준비하거나 혹은 자기사업을 하게 되면 나를 객관적으로 판단할 기회가 없다. 친구들은 대부분 나에게 좋은 얘기만 해준다. 냉정하게 얘기를 해주는 것은 부모밖에 없다. 하지만 부모에 대해서 "나를 믿지 못하는 사람." "걱정만 하는 사람." "잔소리만 하는 사람"이라고 성향귀인을 하고 나면 그나마 상황을 객관적으로 평가하게끔 도와줄 이가 완전히 사라지게 되는 것이다.

누군가 어떤 행동을 했을 때 그 사람이 왜 그런 행동을 했는지 상황에 대한 정보를 얻기가 쉽지 않다. 경찰이 범죄를 수사할 때나 정신과의사가 행동을 분석할 때라면 모르겠지만 누군가 어떤 행동을 했을 때 도대체 어떤 상황이었는지 자세히 얘기를 듣는다는 것이 쉽지 않다. 그 일이 만약에 좋은 일이었다면 상대방은 자랑하기 위해서 내가 듣기 싫을 때까지 반복하고 또 반복할 것이다. 하지만 그 일이 안 좋은 일이라면 어쩌다 그렇게 되었는지 질문을 받는 순간 상대방은 대답을 회피할 것이다. 어쩌면 화를 낼지도 모른다. 상대방을 안심시킨 상태에서 공감하면서 상황에 대한 정보를 얻어야 하는데 실제로 그것이 쉽지 않은 것이다. 상황에 대한 정보를 얻지 못하니 성향귀인을 하게 되는 것이 당연하다.

또한 인간은 이렇게 복잡한 상황 속에서 살아간 것이 얼마 되지 않기에 우리는 상황이 너무나 명백한 경우에도 시간 없음을 핑계로 무시하고는 한다. 불과 100년 전만 해도 우리는 시골에서 100명 정도가 마을을 이루어 살아갔다. 매일 똑같은 사람을 만나고 매일 똑같은 논밭에 나가서, 똑같은 일을 했다. 별다른 상황이라는 것이 발생하지 않았다. 그러다 보니 우리 뇌는 성향귀인에 더 익숙하다. 더군다나 두렵고 불안할수록 단순하게 생각한다. 뭔가 골치 아프고 복잡한 상황에 처하면 일단 누군가를 향해서 성향귀인을 하는 것은 용이하다. 하지만 상황귀인을 하는 것은 어려워진다. 상황 귀인은 더 복잡하고 더 많은 시간과 주의를 요구하기 때문이다. 바빠 죽겠는데 누군가의 행동에 대해서 일일이 분석하기에는 시간이 너무 부족하다. 그러다 보니 다른 사람의 행동의 결과에 대해서 그들의 성향 때문이라고 잘못 믿어버린다.

때로는 너무나 스스로를 탓해서 문제가 발생하기도 한다. 대부분의 사람들은 결과가 안 좋으면 남을 탓한다. 하지만 어떤 사람은 결과가 안 좋으면 무조건 자신을 탓한다. 옆에서 보기에는 최선을 다했지만 본인은 더 노력했어야 한다고 한다. 너무나 착해서 당하고 사는데 조금만 더 자신이 참았다면 이런 일이 없었을 것이라고 한다. '내가 더 잘했어야 했는데'라고 생각한다. 그러면서 자기통제를 하려고 한다. 하지만 이런 경우는 상황이 바뀌지 않는 한 자기통제가 불가능하다. 한계상황에 처해있기 때문이다. 하지만 갈등을 회피하기 위해서, 위험을 부정하기 위해서 계속 자신을 탓하는 이들이 있다. 과도하게 자신의 탓을 하는 한 상황은 변하지 않고 자기조절은 계속 실패할 수밖에 없는 것이다.

 자기조절 잘하는 법

1. 자기조절이 실패한 원인을 제대로 파악 못하면 자기조절 불능에 빠진다.

2. 문제 발생 시 상황 때문인지 사람 때문인지, 정확한 원인 파악이 실은 쉽지 않다.

3. 과도하게 스스로를 탓하면 자기조절은 계속 실패할 것이니, 주의하자.

때로는 나 자신을 통제하고
자기조절 습관을 키워야 한다

우리는 나를 수용한다고 하면 이제부터 나에게 맞는 일을 해야 한다고 생각한다. 하지만 어쩌면 나를 수용한 후 가장 먼저 해야 하는 일은 나를 가두는 것, 단점을 최소화하는 일일 수 있다. 나는 어떻게든 환자의 편이 되려고 노력한다. 단점을 극복하는 것보다는 장점을 강화하는 쪽을 권한다. 하지만 아무리 생각해도 문제를 줄이는 것이 우선인 경우가 있다.

그런데 가끔씩 우리들은 나의 단점을 강점으로 착각하기도 한다. 직장생활을 하다 보면 사사건건 사람들과 마찰이 생기는 사람들이 있다. 그런데 그런 사람들은 그것을 자신의 강점으로 착각하고는 한다.

말도 안 되는 것까지 트집 잡고 따지면서 자신을 똑 부러지는 사람이라고 얘기한다. 하지만 막상 주위에서는 사사건건 따지는 것 때문에 폭발하기 직전이다. 일단 따지는 것을 중단해야 한다.

어떤 이들은 감정을 절제 못하고 화를 낸다. 자신이 기분 좋을 때 누군가에게 잘해주는 것은 누구나 할 수 있다. 하지만 자신이 기분 나쁠 때 누군가에게 잘해주기란 쉽지 않다. 그런데 어떤 사람은 자기 기분이 내키는 대로 남을 대한다. 자기가 기분 좋을 때는 잘해주고 누가 마음에 안 들면 막 대한다. 그러고는 자신에 대해 뒤끝이 없는 사람이라고 주장한다. 내가 남에게 잘못한 것은 빨리 잊어버리고 남이 나한테 잘못한 것에 대해서는 유난을 떨면서 자신은 뒤끝이 없는 사람이라고 착각하는 것이다. 만약 문제를 바로잡고 싶다면, 힘들게 자신의 문제를 수용했다면 일단 심리적 감옥에 자신을 가둘 필요가 있다. 그래야 자기조절이 가능해진다.

일이 되었건, 공부가 되었건 뭔가 지속적으로 하기 위해서는 자기조절이 필요하다. 어렸을 때는 부모가 우리를 통제했다. 간섭하지 않으면 더 잘할 수 있다고들 투덜댔지만 알아서 공부하는 사람은 별로 없다. 그래서 고등학교 때까지 부모의 간섭을 받았을 때는 죽어라고 공부하다가 대학에 입학하고 나서는 놀러 다니느라 정신없게 지내는 일이 생기는 것이다. 회사에서도 마찬가지다. 상사가 명령을 하면 듣기 싫고 간섭받고 싶지 않다.

사실 시키지 않아도 열심히 하는 사람은 극히 드물다. 그렇기 때문에 타인의 지시나 감독을 받지 않으면서 스스로 뭔가 해야 할 때 우리는 자기조절력을 간절히 원한다. 하자마자 즉시 결과가 나오면 할 맛이 난다. 하지만 1년이 되었건, 몇 년이 되었건 지속적으로 노력해야 결과를 볼 수 있을 때는 중간에 딴 짓을 하다가 흐지부지되고 마는 경우가 허다하다.

나 자신을 위한 감옥

때로는 우리 모두 스스로를 가둬야 할 때가 있다. 만약에 자기조절이 불가능하다면 그때는 나 자신을 위한 감옥을 전략적으로 만들어야 할 필요가 있는 것이다.

1970년대와 1980년대에는 신문연재소설이 지금의 웹툰에 버금갈 정도로 큰 인기였다. 사실 몇 달에 걸쳐서 매일 정해진 분량의 소설을 쓴다는 것은 쉽지 않은 일이었다. 그래서 당시에 유명작가들은 신문연재소설을 쓰게 되면 여관방을 잡아서 두문불출하고는 했다. 신문사의 담당자가 작가가 꼼짝하지 못하게 지키고 있기도 했다. 만약 자기조절에 자꾸 실패한다면 어쩌면 당신에게 필요한 것은 인터넷도 안 되고, 스마트폰도 안 터지고, 술도 마실 수 없고, 친구도 만날 수 없는 당신만의 감옥일 지도 모른다.

만약에 진정한 변화를 위해서 스스로를 일단 심리적 감옥에 격리했다면 그때부터 해야 할 일은 달라지기 위해서 끝없이 노력하는 것이다. 나쁜 짓을 저지르고 감옥에 갇힌다는 것을 끔찍한 고통이다. 그런 고통을 받으면 누구나 다 변할 것 같지만 실상은 그렇지 않다. 상담을 하다 보면 사람들이 가장 끔찍해하는 것은 감옥에 갇히는 것 그 자체보다 갇힐지 모른다는 막연한 두려움이다. 막상 실제 감옥에 갇히게 되면 처음에는 다시는 이러지 말아야 생각한다. 하지만 시간이 지나면서 감옥에도 익숙해진다. 그러다 보면 처음의 마음이 온데간데없고 형기를 마치고 감옥에서 나가기만을 기다리면서 생활하게 된다. 그렇게 어영부영 수감생활을 끝내고 사회에 나오면 얼마 지나지 않아서 범죄를 다시 저지른다. 감옥에서 얼마나 오래 시간을 보내느냐보다 더 중요한 것은 감옥에서 어떻게 생활을 했느냐다. 나의 문제점을 깨닫고 나를 심리적 감옥에 가두는 것도 대단한 일이다. 하지만 그보다 더 중요한 것은 잘못된 나를 바꾸기 위해서 몸에 인이 박히도록 올바른 습관을 반복하고 또 반복하는 것이다.

나를 깨닫고 수용했다고 해도 평생 살아온 것이 단번에 변화하기란 쉽지 않다. 격투기를 처음 배우러 가면 사람들은 때리는 것을 처음부터 알려줄 것이라고 생각한다. 그런데 그렇지 않다. 처음에 지겨울 정도로 기본자세를 반복한다. 수없이 많이 반복해서 기본자세를 익히면 그다음으로 넘어간다. 이처럼 몸은 내 뜻대로 움직여지고 내 눈에 보인다. 그런데 마음은 어떨까? 내 뜻대로 되지 않는 것이 내 마음이다. 며칠 밥을 굶으면 거울 속 내 모습이 달라진다. 며칠 운동을 쉬면 거울에 비친 팔의 근육이 예전 같지 않다. 하지만 마음은 눈에 보이지 않는다. 매일 뇌를 열어서 볼 수도 없다. 설혹 뇌를 열어서 매일 본다 한들 뭐가 좋아지고 뭐가 나빠졌는지 알 수 없다. 아무리 정밀한 뇌파로 뇌를 검사해도 내 생각을 읽을 수는 없다. 그렇기 때문에 어떤 계기가 있어서 나를 수용했다 하더라도, 마음의 변화가 시작되었어도 나도 모르게 또다시 원상태로 돌아가고는 하는 것이다. 따라서 일단 나를 수용했다 하더라도 변화하기 위해서는 몸에 밸 때까지 반복해야 한다.

일을 하다보면 잊어버리게 되는 일이 생긴다. 매일 해야 하는 일은 잊어버릴 것이 없다. 일주일에 한 번 해야 하는 일을 잊어버리는 사람도 없다. 그런데 한 달에 한 번 해야 하는 일은 잊기 쉬운데다 가장 애매하다.

일정 규모 이상 되는 건물에는 정전이나 화재에 대비해서 자가발전기가 설치되어 있다. 그런데 실제로 정전이 되거나 불이 나서 전기가 끊어지지 않는 한 자가발전기를 사용할 일이 없다. 그런데 쓰지 않고 방치하다보면 막상 전기가 끊어졌을 때 자가발전기가 작동하지 않는다. 그래서 적어도 한 달에 한 번씩은 일정 시간 발전기를 돌려야 한다. 그런데 상사가 어쩌다 한 번 지시를 해도 직원은 자꾸 잊어버리기 마련이다. 직원이 잊어버리지 않게 할 방법은 발전기를 돌리는 날을 매달 세 번째 수요일에 한다거나 매달 20일에 한다는 식으로 날짜를 정하는 것이다. 그리고 한 달에 한 번 상사가 확인을 해야 한다. 그렇게 몇 년을 일하다 보면 몸에 습관처럼 배어서 잊어버리지 않게 된다. 매달 확인하던 날에 정신없이 바빠서 확인하지 못하면 뭔가 허전함을 느끼게 된다. '뭘 빼먹었지?'하고 생각하다가 '아! 발전기 시험 작동을 깜빡했지'하고 이마를 치면서 깨닫게 된다.

자기조절을 위한 암묵적기억

자기조절을 위해서 가장 중요한 것은 반복이다. 심리학 용어 중에 암묵적기억이라는 용어가 있다. 영어 단어를 외우거나 수학공식을 외우는 것처럼 내가 무언가를 알고 있다는 것을 스스로 분명하게 말로 표현할 수 있는 기억을 '외현기억explicit memory'이라고 한다. 반대로 자전거를 타거나 타이핑을 치거나 하는 것은 '암묵적기억implicit memory'라고 한다. 김치를 담그거나 부침개를 만드는 것도 암묵적기억이라고 한다. 그런데 외현기억보다 더 오래 남는 것이 암묵적기억이다. 자기조절을 위해서 가장 필요한 것이 암묵적기억이다.

암묵적기억의 또 다른 표현이 습관이다. 습관은 반복적이다. 아침에 일어나면 나도 모르게 커피를 마신다. 식사시간이 되면 배가 고프지 않아도 밥을 먹는다. 밤이 되면 나도 모르게 잠을 잔다. 습관의 힘은 무섭다. 한번 습관이 형성되면 바꾸기가 쉽지 않다. 어떤 점에서 자기조절에 가장 방해가 되는 것이 습관이기도 하다.

공무원 시험 준비를 하기로 결심한 이가 있었다. 집에 도움을 청할 수 없는 상황이었다. 아르바이트를 하면서 시험 준비를 하려니 너무 공부할 시간이 부족할 것 같았다. 시험 준비를 위해서 필요한 돈을 모을 때까지는 공부를 신경쓰지 않았다. 학교를 휴학하고 하루 종일 바쁘게 아르바이트를 하면서 일을 했다. 일이 끝나고 집에 들어오면 TV를 보거나 스마트폰을 하다가 잠이 드는 것이 일상이었다. 그러다가 마침내 필요한 돈을 모았다. 공무원 시험 준비를 시작했다. 그런데 삶의 습관은 잘 바뀌지 않는다. 가만히 앉아서 공부를 해야겠다고 결심하지만 뭔가 허전하다. 독서실을 들락날락한다. 밤이 되면 일찍 자야겠다고 결심하지만 자꾸 늦게 자게 된다. 아르바이트를 할 때는 아침 일찍 억지로 일어났지만 지금은 자꾸 늦잠을 자게 된다. '죽어라고 공부만 해야지' 생각하고 막상 아르바이트를 그만두었건만 공부하는 시간은 별로 없다. 이럴 줄 알았다면 일을 하면서 공부할 걸 하고 후회를 하게 된다. 뭐든지 자리가 잡히기까지는 한참 시간이 걸린다.

이처럼 처음에는 자기조절이 안 되는 것이 당연하다. 몸에 배어서 이미 습관이 된 것들은 굳이 자기조절을 할 필요가 없다. 당연히 잘 된다. 자기조절을 해야겠다고 마음 먹게 된다는 것은 그것이 아직 습관이 안 되었다는 것을 의미한다. 시간과의 싸움이다.

처음 운동을 배우게 되면 힘들다. 테니스가 되었건, 수영이 되었건,

탁구가 되었건, 골프가 되었건, 태권도가 되었건 기본자세가 중요하다. 일주일에 7시간 운동한다고 가정하자. 만약에 일주일에 한 번 7시간 운동을 하는 것과 하루에 1시간씩 일주일 운동하는 것 중에서 어느 쪽이 빨리 자세를 익힐까? 두말할 것도 없다. 똑같은 7시간이면 하루에 1시간씩 일주일 하는 쪽이 일주일 중 하루에 7시간 운동하는 것보다 더 효과적이다. 어쩌면 일주일간 하루에 한 시간씩 총 7시간 운동하는 쪽이 일주일에 한 번에 몰아서 14시간 운동하는 것보다 자세를 잡는데 더 효과적일 것이다.

자기조절 역시 마찬가지다. 매일 정해진 시간에 꾸준히 하는 것이 중요하다. 만약에 자기조절을 해서 뭔가를 이루고 싶다면 일이든 공부든 정해진 날, 정해진 시간에 하는 것이 중요한다. 한 달을, 1년을, 10년을 반복하다 보면 언젠가는 나도 모르게 자기조절이 된다.

 tip ··· **자기조절 잘 하는 법**

1. 진정한 자기수용이 일어났다 해도 쉽게 변하지 않는 것이 인간이다.
2. 자기조절을 위해서는 지속적인 변화 노력이 필요한데, 습관이 키포인트다.
3. 습관을 통해 조금씩 변화를 시도하다 보면 어느샌가 자기조절에 성공해 있을 것이다.

자기조절을 위해선
적절한 책임감이 필요하다

부자에게는 '부동산이 필요악'이란 말이 있다. 많이 벌면 자연스레 많이 쓰게 된다. 두 손으로 물을 떠서 올리면 손가락 사이로 흘러내린다. 두 손으로 모래를 받아 놓아도 시간이 지나면 흘러내린다. 물을 모으기 위해서는 물을 받을 그릇이 필요하고, 모래를 모으기 위해서는 모래를 모을 바스켓이 필요하다. 현금을 '유동자산'이라고 부르고 집이나 토지를 '부동자산'이라고 부르는 데는 다 이유가 있는 것이다. 현금과 같은 유동자산은 여기저기 흘러 다닌다. 그렇게 흘러 다니는 유동자산을 모으기 위해서는 집이나 토지 같은 부동자산이 있어야 한다. 돈을 모으기 위해서는 설혹 나중에 그 가치가 떨어지더라도 일정부분 부동산이 필요악으로 존재해야 한다. 주식은 가격이 떨어지면 팔게 되고, 보험은 돈이 없으면 해약하게 되지만 내가 살고 있는 집은 당장 팔 수가 없다. 부동산은 덩치가 클수록 매매가 안 된다. 그러다 보니 팔고 싶어도 팔 수가 없다. 그래서 나중에 남는 재산은 부동산과 보석과 같은 패물만 남게 된다. 보석은 매일 착용하다 보니까 팔지 못하게 되고 부동산은 팔지 못해서 남게 되는 것이다. 만약에 부동산을 사지 않았다면 지금 내 손에 현금이 있을까? 그렇지 않다. 어디엔가 다 써버렸을 것이다.

얼마 전에 아는 후배와 저녁을 먹으면서 얘기할 기회가 있었다. 그 친구는 가게를 운영하고 있는데 어느 정도 안정을 찾은 상태였다. 어느 날 아내와 성격이 맞지 않아서 힘들다는 얘기를 했다. 자신은 뭔가 생각나면 빨리빨리 결정해서 해야 하는데 아내는 너무나 꼼꼼하고 겁이 많다는 것이다. 그래서 사사건건 마찰이 생긴다고 했다. 그리고 아들이 '주의력결핍과잉행동장애ADHD'인데, 아내와 아들이 싸우면 자신은 중간에서 너무 힘들다고 했다. 차라리 결혼을 하지 않았다면 훨씬 더 자유롭게 살았을 것이라고 하면서 만약에 시간을 되돌릴 수 있다면 결혼을 하지 않을 것이라고 했다. 그 친구의 얘기를 들으면서 나는 '부자에게 부동산은 필요악'이라는 말이 생각났다. 부자에게는 유동자산인 현금을 담기 위해 부동산이라는 그릇이 필요하듯, 그 친구에게는 유동적이고 불확실한 인생을 담기 위해서 '가족'이라는 그릇이 필요했다. 그런데 그 친구는 그것을 모르고 있었다. 그 친구가 진정 자유로워지기 위해서는 '왜 나는 아내를, 자식을 버거워하는가?' 라고 자신을 돌아봐야 할 것이다. 지금처럼 아내를 탓하고, 자식을 탓하는 한 자유로워지지 못할 것이다. 다른 여자와 결혼을 해서 다른 자식을 낳더라도 "나는 자유롭지 않다"라는 생각을 또 갖게 될 것이다. 자기수용을 위해서는 일정부분 자기반성이 필요하다. 그리고 자기반성을 위해서는 이를 받아낼 그릇이 필요하다. 자신을 수용할 그릇, 자신을 받아낼 그릇이 없는 한 나는 변하지 않는다. 내가 변하지 않으면 내 인생도 변하지 않는다. 그런데 자기반성을 받아내는 그릇, 나를 받아내는 그릇이 바로 '책임감'이다.

책임감 갖기

책임감을 갖는다는 것은 말처럼 쉽지 않다. 우리는 다른 사람이 보상을 받거나 처벌을 받는 것을 관찰하면서 어떤 행위가 옳은지 그른지를 학습한다. 이렇게 타인의 행위를 관찰하면서 학습하는 것을 '관찰학습'이라고 한다. 책임감 역시 마찬가지다. 책임감이 자리 잡기 위해서는 관찰학습이 이루어져야 한다. 누군가 상황에 대해서 책임을 지는 것을 보는 것만으로는 부족하다. 보상을 받던지 벌을 받는 것을 봐야 한다. 그런데 책임진다는 말은 항상 부정적인 결과와 연결이 되기 쉬운 측면이 있다.

아버지와 어머니가 싸운다. 어떻게 책임질 거냐고 소리를 지른다. 이게 왜 내 책임이냐며 따진다. 누군가 한 쪽이 마지못해 내가 책임진다고 한다. 아버지가 되었건 어머니가 되었건 책임진다고 말한 쪽은 끔찍한 표정이 된다. 말로는 책임진다고 했지만 싸움을 멈추기 위해서 마지못해 말한 것이었다. 그렇게 책임을 인정한다고 해서 부모 사이가 좋아지는 것도 아니다. 그다음에도 싸움은 멈추지 않는다. 책임진다고 해놓고 왜 책임지지 않느냐는 말로 계속 추궁한다. 이런 모습을 본 아이는 생각한다. '책임진다는 것은 끔찍한 일이구나.' 부모와 아이의 관계에서도 마찬가지다. 부모가 누구의 책임인지 물으면 형제들은 서로 눈치를 봐야 한다. 그러면서 '책임진다는 것은 야단맞는 것이구나'라고 생각하게 된다. 학교에서도 마찬가지다. 책임진다는 것은 벌을 받는다는 것과 동일하다. '책임진다는 것은 처벌받는 거구나'라고 생각한다. 드라마에서는 남들이 모두 책임지지 않을 때 누군가 멋지게 일어나서 책임지는 모습이 나온다. 그리고 주인공은 남들이 모두 책임지지 않으려는 일을 해낸다. 하지만 실제 생활에서는 그런 일이 일어나지 않는다. 현실에서는 책임지는 것은 좋은 결과로 이어지는 법이 없다. 관찰학습을 통해서 우리는 깨닫는다. 책임진다는 것은 끔찍한 일이고, 야단맞는 것이며 처벌받는 것이라고 말이다.

게다가 책임지는 것에 대해서 보상을 받는 것을 관찰하기가 쉽지 않다. 뭔가 책임진다고 했을 때 칭찬받는 일은 없다. 책임지겠다고 하면 야단맞고, 처벌받는다. 자라다 보면 형제들이 싸울 때가 많다. 그러면 엄마는 둘 중 한 명이 양보를 하라고 한다. 나중에 엄마가 다 알아서 해줄 테니까 일단 양보하라는 말을 믿고 누군가 양보한다. 책임여부로 다투다가 어느 한쪽이 책임을 진 것이다. 하지만 엄마의 보상은 아이의 기대에 비해서 너무나 미흡하다. 보상이 충분히 강력하지 않은 것이다. 때로는 한 번 책임을 지고 양보를 했는데 다음에도 또다시 양보하기를 강요받기도 한다. 착한 사람만 계속 손해 보는 것이다. 책임을 져도 보상이 없다. 믿을 수가 없다. 신뢰가 떨어진다. 하지만 공부를 잘했을 때는 부모가 확실히 보상해준다. 하지만 나를 희생하면서 책임졌을 때는 보상이 불확실하다.

책임이 없으면 자유도 없다

인간에게는 외부의 누군가에 의해 조종당하고 싶어 하지 않는 본능이 있다. 책임진다는 것은 기본적으로 자발적일 때 의미가 있다. 누군가 강요해서 억지로 책임진다면 그것은 어떤 의미에서 더 이상 책임지는 것이라고 할 수 없다. 희생했다고 볼 수도 없다. 이러다 보니 자발적 의사가 필요한 행동에 대해서 보상과 처벌을 하는 경우 오히려 자발적 의지가 꺾이게 되는 역설적인 결과로 이어진다. 소변금지라고 쓰인 곳을 보게 되면 소변을 더 보고 싶다. 하지 말라고 할 때는 더 하고 싶어지고 이제 너 하고 싶은 대로 하라고 하면 하기 싫어지는 것이다. 또 다른 예를 들어보자. 효자로 태어난 자식이 있었다. 나이가 들어서 아버지가 아프게 되었는데 매일 병원에서 숙식을 하면서 아버지를 돌봤다. 어렸을 때는 아버지가 자신을 돌봤으니 자신이 이제 아버지를 책임질 순서라고 생각했다. 그런데 아버지는 자식이 마음에 안 들 때는 살아 생전에는 자식에게 재산을 주지 않고 쥐고 있기로 했다고 말했다. 그러다가 자식이 마음에 들면 이것도 해주고 저것도 해주겠다고 했다. 아버지를 돌보는 것이 자신의 당연한 책임이라고 생각했던 자식은 아버지가 그런 말을 할 때마다 마음이 아팠다. 그러면서 자발적인 책임감이 서서히 의무감으로 바뀌어갔다. 처음에는 자발적으로 책임을 진다고 시작했더라도 나중에 그 일에서 빠져나갈 수 없는 경우가 생긴다. 따라서 애초부터 책임 못질 일에는 발을 들이지 않는 것이 최선이라고 생각하게 된다.

책임질 때마다 벌을 받고, 책임을 져도 보상은 불확실하고, 그런데 책임을 강요받다 보면 책임질 일을 피해 다니게 된다. 그리고 내가 책임져야 하는 일이 생겨도 책임지지 않으려고 한다. 심한 경우 죄책감도 느끼지 않는다. 죄를 지으면 벌을 받아야 하는 것이 상식이다. 하지만 어떤 이들은 벌을 받기 전까지는 죄라고 생각하지 않는다. 외도처럼 무책임한 행동이 없다. 그런데 불륜을 저지르면서도 죄라고 생각하지 않는 이들이 적지 않다. 배우자가 불륜을 알기 전까지는 멈추지 못한다. 배우자는 외도에 대해서 모르기 때문에 상처받지 않았다.

배우자가 상처받지 않았기 때문에 나쁜 짓이라는 생각도 못한다. 그러다가 외도를 들키게 되면 당신이 알면 상처받을까봐 숨긴 것이라고 말도 안 되는 변명을 늘어 놓는다. 무책임하기 짝이 없다. 무책임한 이들은 본인에게 스스로 무죄추정의 원칙을 적용하고는 한다. 그러다 보니 자기 하고 싶은 대로 한다. 자기통제가 불가능하다. 자기조절이 불가능하다.

　내가 책임져야 할 사람이 많으면 많을수록 그리고 그 책임감을 수용하면 수용할수록 나는 내 마음대로 행동하지 못한다. 책임감은 마음의 중력으로 작용한다. 무중력 상태에서는 조금만 힘을 줘도 이리저리 내 뜻과는 상관없이 움직이게 된다. 중력이 없으면 한없이 자유로울 것 같지만 그렇지 않다. 중력이 너무 강하면 발자국 떼기도 힘들다. 중력이 너무 없으면 조금만 힘을 줘도 어떻게 움직일지 알 수 없기에 살살 움직여야만 한다. 자유라는 것은 내 뜻대로 할 수 있다는 것을 의미한다. 닻이 없는 배는 한없이 바다에 흔들려야만 한다. 닻이 없으면 자신의 의지와 관계없이 표류하게 된다. 닻이 없다면 원하든 원치 않든 간에 계속 바다를 부유해야만 하고 배는 멈추고 싶어도 멈추지 못한다. 파도의 의지, 조류의 의지에 따라 움직일 뿐 자신의 의지로 멈추지 못한다. 자기조절을 위해서는 적절한 책임감이 필요하다. 그러기 위해서 내가 책임져야 할 사람, 내가 책임져야 할 일, 내가 책임져야 할 공동체 등이 필요한 것이다. 책임질 것이 아무것도 없는 사람은 역설적으로 자유로워질 수도 없는 것이다.

 똑같은 골목이라도 사람에 따라서 보이는 것이 다르다. 아이에게는 문방구와 편의점만 보인다. 배고픈 이에게는 식당만 보이며 술꾼에게는 술집만 보인다. 이처럼 같은 상황도 보는 사람에 따라 매우 다르게 해석될 수 있다. 누군가에게 책임은 속박이라 여겨질 것이다. 하지만 누군가에게 책임은 진정한 자유에 이르는 길이다. 책임이 없으면 자유도 없음을 명심해야 한다.

·· 자기조절 잘하는 법

1. 진정한 자기수용을 위해서는 자기반성이 필요하며 책임감도 필요하다.

2. 자기조절이 가능하기 위해서는 건강한 책임감을 키우는 것이 중요하다.

3. 책임질 것이 아무 것도 없으면 역설적으로 자유로워질 수도 없음을 명심하자.

자존감을 유지하기 위한 필수 요소,
안정적인 인간관계

자기통제의 심리기제에 대해서 제일 처음 관심을 기울인 이는 누가 뭐래도 프로이트일 것이다. 인간의 무의식에서 가장 본능에 가까운 이드id는 본능적 욕망을 충족시키려고 한다. 하지만 매번 욕망을 충족시킬 수는 없다. 그래서 이드의 본능적 욕구를 통제하는 역할을 '초자아super ego'에게 맡겼다. 초자아는 어떤 행위가 옳은지 그른지를 판단한다. 그래서 도덕적 규범에 어긋나는 행위를 하지 못하도록 막는다. 자아ego는 이드의 욕망과 초자아의 요구를 중간에서 조절한다고 프로이트는 주장했다.

초자아는 주로 처벌에 대한 반응에서 비롯된다고 처음에 여겨졌다.

어려서부터 바른 예절을 가르치고 밥상머리 교육을 잘 받다 보면 부모의 기준이 초자아에 통합이 되면서 올바른 성인으로 자란다고 생각했다. 잘하면 보상을 받고 잘못하면 처벌을 받으면서 보상과 처벌의 주체인 부모 혹은 선생님이 내재화되어서 초자아가 형성된다고 여겨졌다. 그런데 실제는 그렇지 않다. 엄한 부모 밑에서 자란 사람은 나이가 들어서 성인이 된 후 자기조절이 불가능한 경우가 허다하다. 그런 사람을 면담하다 보면 오히려 이렇게 얘기한다. 어려서 너무 엄하게 자라다 보니 나이가 들어서 소싯적 하지 못한 것을 다 해보고 싶은 마음이 생긴 것 같다는 것이다.

두 개의 학급이 있다. 한 학급에서는 자주 작은 잘못도 매우 엄하게 처벌을 했다. 다른 학급에서는 잘못을 저질러도 왜 그랬는지 충분히 얘기를 하게끔 하고 진정 뉘우치게 한 후 용서를 해줬다. 엄한 처벌을 받은 학급의 학생들은 선생님이 보는 앞에서는 철저하게 규칙을 지켰다. 하지만 선생님이 안 볼 때는 자기들 하고 싶은 대로 했다. 충분히 이해받고 용서받은 학급의 아이들은 수업시간에 종종 떠들다 걸렸다. 하지만 선생님이 보지 않을 때도 나름 규칙을 지키고자 노력했다. 나중에 이 아이들이 성장하면 어떻게 될까? 엄하게 다스려진 아이들은 누가 보지 않을 때는 자기조절에 실패할 것이다. 너그럽게 존중받은 아이들은 누가 보지 않을 때도 자기조절에 힘쓸 것이다.

사실 프로이트가 초자아super-ego에 못지않게 강조한 것이 '자아상 ego-ideal '이다. 자아이상은 칭찬 받고, 격려 받고, 무조건적으로 사랑받는 감정에서 발생한다. 그러한 행복감을 계속 유지하고 싶고, 행복한 경험을 반복하고 싶어한다. 그러다 보니 부모가 원하는 행동, 부모로부터 사랑받을 수 있는 행동을 하게 되는 것이다. 이렇게 하면 부모가 나에게 칭찬을 하겠지 하는 얄팍한 속셈에서 행동하는 것이 아니다. 부모를 사랑하기 때문에 부모를 기쁘게 하고 싶어서 행동하는 것이다. 게다가 양심적인 부모 밑에서 자란 자녀라면 부모처럼 되고 싶은 마음, 부모를 닮고 싶은 마음에 양심적으로 행동하게 될 것이다.

건강한 자기통제의 필수 요건

이처럼 건강한 자기통제를 하고 싶다면 사랑이 우선적으로 필요하다. 사랑하고 사랑받는 가족이 있으면 다행이다. 부모가, 언니가, 누나가, 형이, 동생이 나를 사랑하고 나도 부모를, 언니를, 누나를, 형을, 동생을 사랑할 수 있다면 자기통제에 큰 도움이 된다. 하지만 그런 가족이 없는 경우가 허다하다. 부모가, 언니가, 누나가, 형이, 동생이 나를 무시하고, 나를 실망시킨다면 그때는 다른 자아이상이 필요하다. 선배가 될 수도 있고, 동료가 될 수도 있다. 사랑하는 연인이 될 수도 있다. 결혼하고 확 달라지는 사람들이 종종 있다. 그런 경우 상대방을 진심으로 존경한다고 얘기하며 서로를 아끼고 존중한다. 자아이상이 생긴 것이다. 누군가 사랑하는 이가 생겼을 때 일도 더 열심히 하고, 공부도 더 열심히 하는 데는 다 이유가 있는 것이다.

자신감이 떨어졌을 때 나에게 필요한 사람은 내 얘기를 들어주고 위로받을 수 있는 누군가다. 본인은 충고라고 생각하는데 듣는 이의 입장에서는 비난을 하는 이들이 있다. "너는 이래서 안 돼." "너는 이것부터 고쳐야 해." "네가 그럴 자격이 있다고 생각하니?" 같은 말을 하면서 타인을 무시하는 이들이 있다. 이들은 누군가를 무시할 기회가 찾아오면 절대로 놓치지 않는다. 타인을 깎아내리면서 자신이 올라가는 기분을 느끼는 것이다. 누군가를 깎아내리고, 비난하고, 무시하고, 험담하는 것으로 자신의 자존감을 유지하는 것이다. 이들은 누군가의 자존감을 깎아내리는데 초인적인 능력을 지니고 있다. 나를 무시하는 이로부터 굳이 애써서 인정받으려 하지 말자. 나를 무시하는 사람은 나도 무시하자. 그 사람만 나를 싫어할 수 있는 것이 아니다. 나도 그 사람을 싫어할 수 있다. 만약에 그 사람이 권력을 지닌 자라면 보는 앞에서 대들지는 말자. 그러면 더 큰 피해를 볼 수 있으니까. 하지만 마음속으로 그 사람을 신경쓰지 않도록 노력하자. 절대 인정받으려고 하지 말자. 그런 인간은 당신이 인정받고자 노력하면 노력할수록 당신을 더욱 더 무시할 것이다. 만약에 그렇게 나의 자존감을 깎아내리는 이들에게 둘러싸여 있다면 차라리 아무와도 어울리지 말자. 혼자 지내도록 하자. 저들이 나를 따돌리기 전에 내가 먼저 저들을 따돌리자. 대신 나를 소중히 여기는 사람을 더 소중히 여기자.

자존감을 지키기 위해서는 주위에 좋은 사람들이 필요하다. 그리고 나도 그들에게 길들여지고 그들도 나에게 길들여지는 안정된 관계가 필요하다.

길들여진다는 표현을 접하면 제일 먼저 떠오르는 것은 생텍쥐페리의 소설《어린 왕자》다. 어린 왕자는 여우에게 같이 놀자고 얘기한다. 그러자 여우는 나는 길들여지지 않았기 때문에 너와 놀 수 없다고 대답한다. 그러면서 여우는 어린 왕자에게 길들여지는 것에 대해서 설명해준다. 지금은 여우 자신에게 있어서 어린 왕자가 수없이 많은 소년 중 한 명에 불과하고, 어린 왕자에게 있어서 여우도 그런 존재라는 것을 말해준다. 하지만 어린 왕자가 자신을 길들인다면 어린 왕자와 여우는 서로를 필요로 하게 되고 여우에게 있어서 어린 왕자는 세상에서 유일한 존재가 될 것이라고 설명한다.

자신을 조절하고 통제한다는 것은 스스로를 안정된 존재로 만든다는 것을 의미한다. 그런데 만약 세상이 낯설고, 사람들이 낯설고, 사는 곳도 낯선데 나만 안정된 존재가 된다는 것이 가능할까? 불가능할 것이다.

자기를 조절하고 싶다는 갈망을 지닌 이들은 자신의 삶에서 자기조절만 따로 분리해서 생각하는 경향이 있다. 어떤 젊은이는 부모가 반대하는 길, 세상에 거슬리는 길을 선택한다. 그러면서 성공을 하기 위해서 자신을 채찍질하고 통제하려고 한다. 하지만 땅이 흔들리는데 나 혼자 똑바로 걸어가는 것은 불가능하다. 아무리 옷을 두껍게 입어도 추운 겨울 밖에서 추위를 이겨내기란 쉽지 않다. 따뜻한 집이 필요하다. 아무리 옷을 얇게 입어도 무더위에 밖에서 더위를 이겨내기도 쉽지 않다. 그늘이 되어줄 장소가 필요하다. 그리고 그 무엇보다 중요한 것이 사람이다.

《익숙한 것과의 결별》이라는 책 제목처럼 2001년에 나는 익숙한 의학 공부를 뒤로 하고 미국에 가서 낯선 경영학을 공부하기 시작했다. 듀크대학교 경영대학원에서 MBA 과정을 밟기 시작한 것이었다. 넉넉하지 못한 형편 때문에 미국에서 학자금 대출을 받아 등록금을 내고 렌트비도 한국인 룸메이트와 반반 부담을 했다. 경제적으로도 사정이 안 되었지만 아내와 딸과 함께 있으면 공부에 방해가 될 것 같다는 생각 때문에 혼자 미국에서 1년을 보냈다. 하지만 미국에서 혼자 보낸 1년은 내 인생 최악의 시기였다. 지금 돌이켜보면 우울증에 걸렸던 것 같다. 울기도 참 많이 울었다. 우울증에 걸리면 슬프고 외로운 것도 문제지만 집중력이 떨어지고 문제해결 능력이 떨어진다. 그래서 평생 살면서 받아보지 못한 학점을 받고 겨우 패스를 한 과목도 있었다. 다행히 내가 미국에 있는 동안 아내가 한국에서 학원 일을 하며 돈을 모을 수 있었고, 다음 해에는 아내와 딸과 함께 미국에서 함께 지낼 수 있었다. 그러면서 심적 상태가 완전히 달라졌다.

뭔가를 이루어내야 한다는 강박관념에 빠지면 우리는 사람들을 멀리하게 된다. 고향에서 서울로 올라와서 혼자 공부하다 너무 외로워서 우울증에 빠진 분들을 종종 상담하게 된다. 부모님도 좋은 분이고, 형제사이도 좋다. 교우관계도 좋다. 그러다 보니 자신이 너무 편하게 공부하게 된다는 생각이 들었다는 것이다. 주말에는 부모님과 외식하고, 형제들끼리 이런 저런 얘기를 하고, 친구를 만나다보니까 공부할 시간을 너무 많이 빼앗긴다는 생각에서 고향을 떠나 서울로 왔다. 그런데 막상 서울에 와서 혼자서 지내면서 공부를 하니까 시간은 많은데 도대체 책이 눈에 들어오지 않는다. 이런 분들을 상담하게 되면 나는 우선 당장 짐을 싸서 고향으로 가도록 권해드린다. 고향에 가서 부모형제, 친구들과 지내도록 권한다. 인간은 길들여져야만 하는 존재이기 때문이다. 나에게 소중한 이들과 함께 있으면서 나 역시 그들에게 소중한 존재라는 것을 느낄 때 우리는 뭔가 해낼 수 있다. 만약에 자기조절에 성공하고 싶다면 소중한 사람들과 함께 있도록 하자.

삶이 힘들고 괴로울 때 우리는 나를 구원해 줄 은인을 꿈꾼다. 드라마에서는 주인공이 곤경에 처해있는데 우연히 누군가를 마주치게 되고, 그 사람이 남긴 연락처로 연락을 했는데 내가 간절히 원하던 것을 얻을 수 있는 행운이 찾아온다. 우리는 이렇게 인생의 해답을 알고 있는 누군가 만나기를 꿈꾸기도 한다. 유명인사들은 인생의 해답을 알고 있지 않을까 하는 생각에 그들의 강연을 쫓아다닌다. 하지만 그런 완벽한 현자나 구원자는 드라마나 책에서만 존재한다. 그런데 그런

있지도 않은 존재를 꿈꾸면서 매일 만나고 있는 내 눈 앞 멘토는 정작 놓치고는 한다. 나를 도와줄 수 있는 사람, 나에게 해답을 줄 수 있는 사람은 멀리 있지 않다. 바로 내 눈앞에 있다. 평소에 내가 아꼈던 사람들, 평소에 내가 도와줬던 사람들이 나의 은인이다. 그들 중에서 은인을 만들어야 한다. 은인을 만들기 위해서는 나도 누군가의 은인이 되어야 한다. 그리고 그들이 진정성을 갖고 내게 해주는 충고 안에 해답이 있을 가능성이 크다. 그들이 나의 현자인 것이다. 그러기 위해서는 나도 진정성을 갖고 그들에게 충고해야 한다. 그들이 힘들 때는 내가 도와주고, 내가 힘들 때는 그들이 도와준다. 그렇게 서로 자존감을 지켜주는 누군가가 필요하다.

 tip ·· 자기조절 잘하는 법

1. 건강한 자기통제를 위해 가족간, 친구간의 인정과 안정된 관계가 필요하다.

2. 진정한 자기조절을 위해서는 소중한 사람들과 관계를 유지해야 하며 그래야 인생의 위기도 극복할 수 있다.

3. 내가 힘들 때는 도움을 받고 상대가 힘들 때는 도와주는, 서로 자존감을 지켜주는 관계를 만들도록 하자.

불가능한 일을
현실적으로 빨리 깨달아야 한다

우리가 무슨 일을 할 때 가능성에 기대를 많이 하게 되는 경향이 있다. 아무리 그럴싸한 일이라도 확률이 0인 일을 열심히 하는 사람은 없다. 상담받은 분들 중에서 부모가 의사인데 간호학과에 가겠다고 한 아이의 예를 들어보겠다. 부모는 이왕 간호학과에 갈 바에는 의대를 목표로 하자면서 아이에게 의대에 갈 것을 기대했다. 하지만 요새는 전교 1등을 해도 의대에 가기 힘들다. 아이가 그것은 불가능하다고 하자 부모는 왜 해보지도 않고 그런 얘기를 꺼내느냐고 했다. 부모는 일단 열심히 해보고 안 되면 그때 가서 간호학과로 진로를 돌리면 안 되느냐고 했다. 하지만 아이의 생각은 달랐다. 자신의 성적으로는 아무리 열심히 공부해도 의대에 갈 가능성이 없는데 왜 부모는 그런 기대를 하는지 알 수 없다는 것이다. 불가능한 일을 목표로 해서 공부가 잘 될 리 없다는 것을 모르는 부모에게 아이는 많이 서운해 했다. 그 부모가 의대에 진학을 할 때는 의대 들어가기가 지금처럼 힘들지 않았다. 만약에 그 부모도 지금 다시 태어나서 수능을 보게 되었다고 가정하면 의대에 진학하는 것은 불가능했을지도 모른다. 과거에는 의대가 지금처럼 인기가 있지 않았다. 내가 의대에 진학할 때만 해도 서울대 전자공학과 커트라인이 서울대 의대 커트라인보다 더 높았다. 그 부모는 자기가 의대에 들어가던 시절을 생각하면서 이 정도 공부하면 의대에 갈 수 있다고 기대한다. 하지만 그것은 부모의 잘못된 기대일 뿐이다. 자녀는 현재의 상황에서 의대에 들어가기가 얼마나 힘든지 잘 파악하고 있다. 그래서 불가능한 의대가 아닌 가능한 간호학과를 목표로 삼았던 것이다. 적절한 기대치라는 점에서 자식이 부모보다 현명하다. 부모는 희망한다고 생각하지만 사실은 헛된 기대를 하고 있는 것이다. 부모는 자식이 자기조절력이 없어서 공부를 덜 하고, 공부를 덜 하니 성적이 안 좋고, 성적이 안 좋으니 의대에 못 간다고 생각한다. 하지만 사실은 그것이 아니다. 부모가 욕심을 자기조절 못하는 것이다. 부모가 자식의 미래를 좌지우지하고 싶은 통제본능을 자기조절하지 못하는 것이다.

불가능한 일에 도전하는 것처럼 인간을 피폐하게 만드는 것이 없다. 인간은 성공할 것으로 예상하는 일을 열심히 하고, 실패할 것으로 추측되는 일은 하지 않으려는 본능이 있다. 자기능력으로 불가능한 일에 도전하면서 가능하다고 기대하면 당연히 좌절하게 되고 자기능력으로 가능한 일도 불가능하다고 생각하면서 회피하다 보면 인생이 점점 초라해지게 된다. 그렇다면 도대체 일에 대한 기대치는 어떻게 형성되는 것일까?

현실 가능한 목표 설정

인간은 우선 자신의 경험을 통해서 기대치를 만들어간다. 만약에 앞서 언급한 사례의 부모가 의사가 아니라고 가정해보자. 서울대 의대 입학에 실패해서 서울대 공대에 입학한 사람들이라고 가정해보자. 그 부모는 의사가 된다는 것이 어렵다는 자녀의 말에 공감할 가능성이 크다. 하지만 서울대 공대는 노력하면 들어갈 수 있다고 아이에게 기대할지 모른다. 이번에는 앞서 언급한 사례의 부모가 서울대 입학에 실패한 후 다른 대학 의대에 입학한 사람들이라고 가정해보자. 그 부모는 서울대에 입학하는 것이 어렵다는 자녀의 말에 공감할 가능성이 크다. 하지만 의대에 입학하는 것은 노력만 하면 불가능하지 않다고 생각할 수 있다. 인간은 자신에게 가능한 것은 남에게도 가능하다고 여기고, 자신에게 불가능한 것은 남에게도 불가능하다고 여기는 경향이 있다.

나를 봐도 그렇다. 나는 공으로 하는 운동은 아무 것도 못한다. 아이들은 뛰어놀아야 한다고들 하지만 나는 솔직히 그렇게 생각하지 않는다. 초등학교 때 축구를 하면 아이들은 서로 나를 자기편에 넣지 않으려고 했다. 나는 결국 수비를 맡아야 했는데 헛발질을 하면 아이들의 핀잔을 받아내야 했다. 피구를 할 때도 나는 가장 먼저 공에 맞아서 아웃되는 아이였다. 중고등학교 때 농구나 배구로 실기시험을 치면 내 점수는 엉망이었다. 공으로 하는 것은 진짜 다 못했다. 심지어 체력장에서도 공 던지기 점수가 엉망이었다. 오래달리기, 윗몸 일으키기, 100미터 달리기에서 만점을 받아서 공 던지기의 낮은 점수를 메꿀 수 있었다. 학력고사를 볼 때는 필기시험인 학력고사 점수에 체력장 점수를 더해서 대학에 진학을 했다. 체력장은 만점이 20점이었다. 모두 다 쉽게 받는 체력장 점수 20점을 받기 위해서 나는 고등학교 3학년 때 매일 운동을 해야 했다. 다 공 던지기 때문이었다. 학생 시절 정신과 실습을 돌 때 환자분들과 탁구를 칠 때도 놀림감이었다. 인턴 시절 소아과를 돌 때 어린이날 발야구를 하는 것도 고역이었다. 정신과 레지던트 시절에는 환자들과 산책을 나가면 배구를 종종 했는데 나는 팀의 구멍이었다. 그래서 지금도 골프를 치지 않는다. 골프를 치는 이들은 내 앞에서 골프가 얼마나 좋은 운동이고 인맥을 넓히는 데 도움이 되는지 말하면서 골프를 치라고 권한다. 하지만 나는 절대로 치지 않는다. 그들은 자신들에게는 익숙한 골프가 나에게는 얼마나 어려운 일인지 이해하려 하지 않는다. 지금 내가 가장 좋아하는 유일한 운동은 걷기다.

반대로 나는 글 쓰는 것이 어렵다고 생각해본 적이 없다. 종종 원고 의뢰가 들어오는데 보통 3주 정도 시간을 주고는 한다. 그런데 시간이 촉박해서 미안하다고 하면서 삼사일 안에 원고를 완성해줄 수 있는지 연락이 올 때가 있다. 저녁 때 써서 다음날 보내주면 원고를 의뢰한 측에서는 빨리 작업해주셔서 고맙다고 한다. 하지만 그런 얘기를 들으면 왠지 쑥스러워진다. 그냥 마음만 먹으면 기계처럼 쓰는 것이 가능하기 때문이다. 하지만 그렇기 때문에 나는 글을 쓴다는 것이 다른 사람에게 어렵다는 것을 잘 이해하지 못한다. 어떻게 해야 책을 낼 수 있는지 물어보면 나는 "책 쓰는 것 어렵지 않아요"라고 말한다. 한 번에 다 쓰려고 하지 말고 주제를 정해서 일주일에 A4 용지 기준으로 한 장씩 써서 모으면 2년이면 A4 용지가 100장 정도가 모인다. 그렇게 그 글을 모아서 내면 책이 된다고 설명한다.

인생을 살면서 자신에게 쉬운 일만 하려 하고 어려운 일은 피하려고 하는 것이 당연하다. 그런데 남들이 보기에 불가능한 일에 자꾸 도전하는 이들이 있다. 아무리 말려도 맨땅에 헤딩하기, 계란으로 바위 치기를 못 멈추는 이들은 왜 그러는 것일까?

불가능한 기대 내려놓기

인간은 자신이 직접 하지 않더라도 다른 사람의 행동을 관찰하면서 배운다. 어려서부터 부모나, 형제가 무언가를 너무나 쉽게 하는 것을 보면 나 역시 쉽게 할 수 있어야만 한다고 생각하게 된다. 부모가 명문대를 나온 교수면 자녀는 자신도 공부를 잘해야만 한다고 생각한다. 만약에 형제도 공부를 잘하면 공부를 잘하는 것을 너무나 당연히 여긴다. 초등학교 때는 누구나 공부를 잘한다. 나이 들면 부모처럼, 형처럼, 언니처럼 공부를 잘 할 것이라고 주위에서 기대도 한다. 그런데 중학교, 고등학교 때부터 성적이 떨어진다. 그럴 때에는 나에게 공부가 너무 힘들다는 것을 그냥 인정하면 된다. 하지만 어려서부터 공부 잘하는 부모형제를 보면서 자란 아이는 공부 못하는 자신을 인정할 수 없다. 공부 못하는 것은 비정상인 것이다. 따라서 정상正常이 되기 위해서라면 공부를 잘해야 한다. 공부를 못하는 한 자신은 정상이 아니다. 이런 어려서부터 만들어진 기대를 수정하지 못하는 것이다. 그래서 안 되는 공부를 계속 한다. 하지만 막상 공부를 하면 잘 안 된다. 하지만 남에게는 쉬운 공부가 자신에게는 어렵다는 것을 받아들일 수 없다. 그러다 보니 좌절이 오고 그만두게 된다. 자기조절이 불가능하게 된다. 인생이 궤도에서 이탈한다.

그리고 우리는 어려서부터 잘하면 칭찬을 받고 못하면 야단을 맞는다. 칭찬받으면 그 일은 좋은 일이라고 생각하고, 칭찬받지 못하면 그 일은 나쁘다고 생각한다. 그런데 부모님들은 공부를 할 때만 칭찬한다. 공부를 제외한 나머지에 대해서는 칭찬에 인색하다. 그러다 보니 다른 것을 하고 있으면 공부할 시간에 쓸데없는 짓을 한다고 야단 맞는 경우가 종종 생긴다. 내가 못하는 공부를 할 때만 칭찬받고 내가 잘하는 것을 할 때는 그게 뭐가 되었건 야단맞는다. 그러다 보니 무언가 만들기를 좋아하는 것도, 영화 보는 것을 좋아하는 것도, 친구들과 잘 지내는 것도, 산책하는 것을 좋아하는 것도 모두 쓸데없는 일이라고 생각한다. 음악으로 대학을 가는 것이 아니면 노래를 잘 불러도 소용없다. 체육으로 대학을 가는 것이 아니면 운동을 잘해도 소용없다. 부모가 좋아하지 않더라도 사람들의 인기를 끄는 일에 대해서는 재능이라고 생각한다. 노래를 잘 부르건, 춤을 잘 추건, 외모가 예쁘면 연예인을 꿈꾼다. 게임을 잘하는 것도 재능이라고 생각한다. 하지만 세상의 주목을 받지 못하는 일, 부모의 칭찬을 받지 못하는 일에 대해서는 설혹 내가 잘하는 일이더라도 기대하고 싶지 않다. 기대해서는 안되는 일에 대해서는 기대하고, 기대해야 하는 일에 대해서는 기대하지 않는 것이다. 안 되는 일에 대해서 기대하고, 막상 기대해야 하는 일에 대해서 기대하지 않는 한 자기조절은 불가능하다.

어려서부터 양보심이 많은 아이가 있었다. 그런데 부모님은 그렇게 손해만 보면서 살면 안된다면서 오히려 아이를 야단쳤다. 그 아이는 성인이 되어서 양보심 많은 자신의 성격을 문제라고 생각하게 되었다. 누군가에게 양보하고 나면 기분이 좋지 않았다. 그러면서 자신은 너무 맹해서 문제라고 하면서 좀 더 지독해져야겠다고 결심한다. 하지만 어느새 양보하게 된다. 자신에 대한 잘못된 기대치를 지니게 된 것이다. 물론 양보를 하다보면 피해를 보는 일도 생긴다. 그런데 사람들은 양보하는 사람을 좋게 본다. 착한 사람을 좋아하기 마련이다. 그러다 보니 본인은 의도하지 않았는데 자연스럽게 주위의 도움을 많이 받게 된다. 그러한 작은 도움과 배려를 모두 합치면 몇 배, 몇 십 배 이익을 보는 셈이다. 하지만 본인은 배려하는 마음, 용서하는 마음을 자신의 약점으로 여기고 바꾸고자 한다. 매정하고 지독하게 굴어야 자기조절이 된 것처럼 여긴다. 잘못된 생각으로 항상 자기조절에 실패하게 된다.

반대의 경우도 있다. 어떤 아이는 어려서부터 욕심이 많았다. 사고 싶은 것이 늘 많았다. 부모님은 어려서부터 절제력이 없다면서 아이를 야단쳤다. 나중에 성공을 해서 충분히 자기가 사고 싶은 것을 다 살 수 있는 경제력을 갖춘 다음에도 뭔가 사고 싶은 것을 살 때마다 죄책감을 느끼게 되었다. 물건을 사고 후회하고 물건을 사고 후회하기를 거듭한다. 돈이 없는 것도 아니다. 그의 소득에 비하면 과한 소비도 아니다. 어쩌면 알뜰하게 살고 있을지도 모른다. 하지만 절제력이 없다고 스스로 자책한다. 자기절제력에 대한 기대치가 너무 높은 것이다.

그러다 보니 남이 보기에는 현실적 가능성이 희박해 보이는 일이 누군가에게는 계획으로 여겨진다. 번번이 목표를 이루지 못하고 실패한 경우 역시 마찬가지다. 우리의 마음 속은 이상과 현실이 충돌한다. 현재 나의 현실이 보잘것없지만 미래는 다르다고 생각한다. 그렇게 우리는 꿈을 꾸고 도전도 해본다. 하지만 매번 실패할 때마다 뜻대로 되지 않는다는 생각에 스트레스를 받는다. 현재의 나를 인정하고 더 이상 갈망하지 않으면 고민도 없고 고통도 없다. 정확하게 내가 할 수 있는 것만 한다면 매번 자기조절에 성공할 수 있을 것이다.

따라서 자기조절을 위해서는 뭔가를 잘하는 것도 중요하지만 잘못을 피하는 것이 그에 못지않게 중요하다. 일이 뜻대로 풀리지 않으면 우리는 흔히 사람을 탓하거나 상황을 탓한다. 하지만 사실 일하는 방식, 공부하는 방식이 문제인 경우도 적지 않다. 일의 방식에 집착하는 것이다. '공부는 이렇게 해야 해, 일은 이렇게 해야 돼'라는 틀에서 벗어나지 못하는 것이다.

제대로 공부했건, 요령껏 공부했건 시험을 통과하면 된다. 하지만 나에게 맞는 방식이 아닌 제대로 된 방식으로 공부해야만 한다는 생각에 사로잡히면 사람이 미련해진다. 초등학교, 중학교, 고등학교, 대학교 모든 학창시절을 벼락치기로 살아온 이가 있었다. 그런데 그가 큰 시험을 앞두고 이번에는 대강하지 않고 제대로 공부하겠다고 결심했다. 평소라면 일단 기출문제를 본 다음에 시험에 나올 것 같은 내용

위주로 공부를 했을 것이다. 하지만 1년의 충분한 기간을 두고 그는 교과서부터 파고들기 시작했다. 지겨워서 미칠 지경이 되었다. 너무나 지쳐서 여름에 나가떨어졌다. 시험을 얼마 앞두고도 그는 계속 제대로 공부하기를 고수했다. 결국 그 시험에 떨어졌다. 나는 그에게 충고했다. 다시 벼락치기로 돌아가라고. 다음해에는 시험 3개월을 앞두고 기출문제부터 보고, 시험에 나올 것 같은 문제 위주로 벼락치기로 시험을 준비했다. 합격했다. 누구에게나 자신에게 맞는 방식이 있는 것이다. 그런데 앞서 벼락치기로 항상 시험을 통과하던 이는 자신은 요령만 피우는 사람이라는 자격지심 때문에 자신의 공부 방식을 수용하지 못한 상태였다. 그래서 자신에게 맞지 않는 공부 방식에 도전했다. 그리고 대가를 치른 것이다. 그는 자신의 공부 방식을 벼락치기라고 깎아내리는 대신 '나는 짧은 시간에 몰아서 공부하는 능력이 있는 사람'이라고 수용했어야 했다.

확증편향

그런데 나에게 맞지 않는 방식에 계속 집착하게 되는 심리는 뭘까? 아이에게 책을 읽으라고 강요하는 부모님들이 적지 않다. 책을 읽어야 아이가 집중력이 생긴다고 여긴다. 그런데 사실은 반대다. 집중력이 높은 아이들이 책을 좋아하는 것이다. 부모님은 아이가 공부를 안 해서 공부를 못한다고 생각한다. 그런데 사실은 반대다. 공부를 못하니까 안 하는 것이다. 부모님은 아이가 게임만 해서 성적이 떨어졌다고 한다. 사실은 반대다. 성적이 떨어지니까 스트레스를 받아서 게임을 하게 되는 것이다. 하지만 아무리 설명을 해도 부모님은 납득하지 않으신다. 부모님 눈에는 책을 안 읽어서 집중력이 떨어지는 것으로만 보이고, 공부를 안 해서 공부를 못하는 것으로만 보이고, 게임을 해서 성적이 떨어지는 것으로만 눈에 보이는 것이다. 하지만 사실은 아이가 억지로 책을 읽어도 집중력이 그대로이고, 공부를 더해도 성적은 그대로이고, 게임을 안 해도 공부는 여전히 제자리인 것이다. 그리고 어렸을 때 그렇게 얘기 들으면서 자라다 보면 자식도 어른이 되어서 그렇게 생각한다. 자신이 책을 안 읽어서 집중력이 떨어지고, 공부를 안 해서 성적이 안 좋았고, 게임을 많이 해서 공부를 못했다고 생각한다. 그래서 있는 그대로의 자신을 수용하지 못한다. 자신이 더 나은 사람이 되기 위해서는 도무지 이해가 안 가는 책을 억지로 읽어야 하고, 계속 딴 생각을 하면서 억지로 공부를 해야 하며, 게임을 중단해야 한다고 생각한다. 책도 안 읽고, 공부도 안 하고, 게임도 하면서 더 나은 사람이 될 수 있다는 것은 상상하지 못한다. 보고 싶은 것만 보고, 듣고 싶은 것만 본다. 나의 생각을 확증시켜주는 증거만 눈에 보이는 이런 현상을 '확증편향confirmation bias'이라고 한다. 자신에게 유리한 정보만 찾으려는 경향을 가리키는 용어다.

인형 뽑기가 되었건, 슬롯머신이 되었건, 복권이 되었건 확률에 의해서 작동한다. 하지만 당사자는 그렇게 생각하지 않는다. 보통 때는 인형을 집는 집게의 힘이 약하다가 30번에 한 번씩 조이는 힘이 강해져서 인형을 집게 된다. 하지만 당사자는 자신의 실력이 좋아서 인형을 뽑았다고 생각한다. 그러면서 자신이 인형을 놓친 경험은 쉽게 잊어버리고, 이렇게 혹은 저렇게 해서 인형을 뽑은 경험만 기억한다. 슬롯머신 역시 마찬가지다. 확률상 계속 하다보면 평생 한 번 정도는 잭팟이 터질 수 있다. 하지만 특정 시간에 특정 자리에서 잭팟이 터진다고 생각을 한다. 그 시간에 그 자리에서 그동안 잃은 돈은 실제보다 적게 계산한다. 그래서 특정시간에 특정자리에서 게임을 하면 돈을 딸 수 있다고 착각, 또 한 번의 잭팟을 꿈꾸면서 죽을 때까지 돈을 잃는다. 로또 역시 마찬가지다. 어쩌다 조금 큰 금액에 당첨되면 꿈을 잘 꿔서 당첨되었다고 생각한다. 꿈을 잘 꿨는데도 돈을 잃은 날은 기억하지 못한다.

이렇게 사람들은 자신의 생각을 부정하는 증거에 대해서는 어떤 핑계를 대서라도 부정한다. 반대로 자신의 생각을 지지하는 증거에 대해서는 어떤 핑계를 대서라도 긍정한다. 그것이 인간이다. 어느 한 가지에 통했던 방식을 계속 다른 곳에도 적용시키려고 한다. 그러다 보니 어느 한 분야에서 성공하면 자신이 다른 분야에 도전해서도 당연히 성공할 것이라고 착각하는 것이다. 그래서 성공한 의사가 회사를 차렸다가 망하기도 하고, 성공한 대기업 임원이 막상 자기 사업을 해서 완전 실패하기도 하는 것이다. 어느 한 분야에서 일하다 보면 고정관념이 생기기 마련이다. 그런 고정관념을 다른 분야에 적용하는 순간 일을 그르칠 위험이 있다. 나를 있는 그대로 수용한 후 나에게 맞는 방법을 찾아야 한다. 그런데 사람들이 맞다고 하는 방법이 일단 옳은 방법이라고 고정관념으로 자리 잡으면 그때부터는 나를 있는 그대로 수용하는 것이 불가능해진다. 남들이 다 하는 대로 나도 해야 한다고 생각한다. 나에게 안 맞는 방법에 나를 맞추려고 하다 보면 결과적으로 자기조절에 실패하게 된다.

그렇다면 어떻게 해야 우리는 확증편향을 피할 수 있을까? 결과를 중요시하면 가능하다.

	나에게 효과적인 방법	나에게 효과 없는 방법
내가 맞다고 믿는 방법	효율적	끝없는 실패
내가 틀리다고 믿는 방법	기회를 잃고 있음	시정訂正이 가능함

내 생각에는 이것이 맞는 방법인 것 같아도 반복적으로 실패했다면 그 방법은 틀린 것이다. 한 번 실패했더라도 너무 아쉬움이 남아서 한 번 더해서 두 번까지 시도하는 것은 이해가 간다. 두 번 시도해서 안 되었는데 결과를 도저히 납득할 수 없다면 한 번 더해서 세 번까지는 해볼 수도 있다. 하지만 세 번을 그렇게 했는데도 뜻대로 안 되었다

면 방법을 바꿔야 한다. 승부에서 삼세판을 해서 지면 졌다고 인정해야 하듯이 이제는 내가 잘못했다는 것을 인정하고 다른 시도를 해봐야 한다. 우울증이나 불안장애를 오랫동안 앓았던 환자의 경우 아무리 오래 약을 먹어도 낫지 않는다면서 약을 먹어도 소용이 없다고 결론내리는 경우가 있다. 그런데 효과가 없는 약은 아무리 오래 아무리 많이 복용해도 안 듣는다. 그럴 때는 약을 바꿔야 한다. 이처럼 1년, 5년, 10년간 열심히 노력했는데 번번이 자기조절에 실패했다면 이제는 방법을 바꿔야 한다. 그러지 않고 여태까지 하던 방법을 고수한다면 앞으로도 어쩌면 영원히 계속 자기조절에 실패할 수밖에 없다.

거창한 목표는 대부분 현실적으로 이루기 불가능하다. 그렇기 때문에 내가 할 수 있는 일 가운데 제일 하고 싶은 일을 하는 것이 현명하다. 가능하다면 그것도 당장 하는 것이 중요하다.

 자기조절 잘 하는 법

1. 불가능한 일에 도전하는 것만큼 인간을 피폐하게 만드는 것이 없다.
2. 부모들은 자녀에게 불가능한 것을 기대하고 압박해선 안 된다.
3. 건강한 자기조절을 위해서는 잘하는 것보다 잘못을 피하는 것이 중요하다.

성격에 따른 자기조절,
능력에 따른 자기조절

얼마 전 미국의 한 소년이 대신 줄 서주기로 상당한 수입을 얻는다는 것이 뉴스에 보도가 되면서 화제가 되었다. 줄을 잘 서기 위해서는 어떤 재능이 필요할까? 우선 인내력이 필요하다. 짧게는 몇 시간 길게는 며칠 줄을 서기 위해서는 인내력이 필요하다. 남보다 먼저 가서 줄을 서야 하니까 약속 시간도 잘 지켜야 한다. 그리고 무엇보다 지루함을 견딜 수 있어야 한다. 남들 같으면 답답해서 견디지 못할 수 있지만 견뎌내는 것이다. 지루함을 견딘다는 자신의 재능을 수용한 것이다. 지루함을 견뎌내는 것을 재능으로 수용하고 이것을 활용해서 돈을 번 소년은 상당히 지혜롭다고 할 수 있겠다.

지루함을 얼마나 견딜 수 있느냐와 관계된 것이 자극추구도다. 자극추구도가 높은 사람들은 충동적이고 쉽게 흥분하고 지루한 일을 견디지 못한다. 새로운 일을 시도하거나 경험하는데서 흥분을 느낀다. 자유분방하다. 규칙이나 규정에 얽매이는 것을 싫어한다. 그러다 보니 자극추구도가 높은 이들은 중간에 포기하는 경향이 많다. 본인은 포기를 도전이라고 합리화하고는 한다. 이와 다르게 드물지만 자극추구도와 인내력이 동시에 높은 이들도 있다. 이들은 자극추구도가 높지만 절대로 포기하지 않는다.

자극추구도가 낮은 사람은 모범적이다. 어떻게 생각하면 보수적이다. 정해진 규칙을 따를 때 편하다. 결정을 하기 전 고민을 많이 한다. 뭐든지 딱 정리가 되어있어야 편하다. 자유로운 분위기를 접하면 본인이 정신이 없다. 본인에게도 타인에게도 절제를 강조한다. 그렇기 때문에 혼란을 굉장히 두려워한다. 자신의 원칙에 상대방이 맞추기를 원한다.

자극추구도가 높은 사람은 신나고 자극적인 일을 해야 한다. 그런데 문제는 재능이다. 자극추구도가 높은 이들 중에는 자기 사업을 하겠다고 하거나, 투자 전문가가 되겠다고 하거나, 연예인이 되겠다는 이들이 많다. 이런 일들은 재능이 있어야 가능하다. 하지만 재능 없는 이들이 대부분이다. 재능이 없다고 해서 지루한 일을 할 생각이 있는 것도 아니다. 그러다 보니 자신의 능력이 안 된다는 것을 부정한다.

그래서 지루한 것을 견디지 못하고 학교나 직장에 적응하지 못한다. 나에게는 사업이 어울려, 투자 전문가가 어울려, 연예인이 어울려 하면서 심리적 도피를 하는 것이다. 그런데 인내심도 문제다. 자극추구도가 높은 이들은 한때 성공하더라도 그것을 이어가지 못한다. 기복이 심하다. 따라서 자극추구도가 높은 이들은 자신의 한계를 수용하는 것이 중요하다. 그러지 못하면 실패할 때까지 멈추지 못한다. 인내심이 부족한 경우 재능이 있어도 결국 실패한다.

자극추구도가 높다 vs 낮다

그러다 보니 자극추구도가 높은 사람이 자극추구도가 낮은 이와 자신을 비교하면서 열등감을 지니는 경우가 있다. 너무 충동적이고 끈기가 없는 것을 자신의 약점으로 여긴다. 그러다 보니 상당한 끈기를 요하는 일에 계속 도전해서 자신의 약점을 극복해야 한다고 생각한다. 자극추구도가 높은 자신을 수용하지 못하는 것이다. 돌아다니는 일을 할 때 좋은 성과를 얻을 수 있다. 하지만 자신이 잘하는 일은 그저 한때 하는 일로 여긴다. 그러면서 하루 종일 앉아서 해야 하는 사무직이 제대로 된 일이라고 생각하면서 자신이 잘 할 수 있는 일을 경시한다. 자극추구도가 높은 자신을 수용하지 못하는 한 자기조절에 실패할 수밖에 없다.

반대의 경우도 있다. 자극추구도가 낮은 사람은 반복적이고 안정적인 일을 해야 하다. 자극추구도가 낮은 이들은 욕심이 없다. 그렇기 때문에 자기가 잘하는 일을 성실하게 하면 된다. 큰 성공도 없지만 실패도 없다. 그런데 자극추구도가 낮은 사람이 자신을 자극추구도가 높은 사람과 비교하면서 열등감을 느낀다. 자극추구도가 낮은 사람은 자신을 지루한 사람이라고 생각한다. 본인의 적성에는 회계사나 세무사 같이 꼼꼼한 일이 어울린다. 회사에서도 뭔가 꼼꼼하게 계획을 세우고 차근차근 진행을 하는 일이 어울린다. 예를 들면 매뉴얼에 따라서 순서대로 서류를 확인하고 규칙에 따라서 대출을 집행하는 은행원이 그렇다. 그런데 자극추구도가 낮은 사람들 중에는 본인이 현재 하고 있는 그런 일들을 누구나 할 수 있는 일이라고 생각하면서 언젠가 신나는 일을 할 것이라 꿈꾸는 사람들이 있다. 모범적인 자신을 수용하지 못하는 것이다. 자기조절에 실패할 수밖에 없다. 그런 이들은 지루함을 견디는 능력을 장점으로 승화시켜 줄 서는 것으로 수입을 얻는 미국 소년을 본받아야 한다.

흔히 우리는 용감하고 결단력이 있는 것을 장점이라고 생각한다. 불확실성에 대한 두려움도 적어서 일이 뜻대로 되지 않아도 당황하지 않는다. 스트레스를 받아도 쉽게 지치지 않는다. 큰일을 할 수 있을 것 같다. 반대로 겁이 많은 사람은 미리부터 걱정한다. 불확실성에 대한 두려움이 큰 경우 일이 뜻대로 되지 않으면 당황한다. 그리고 스트레스를 받으면 쉽게 지친다. 마음은 맞서 싸워야 한다는 것을 알지만 몸이 말을 듣지 않는 경우도 있다. 그런데 겁이 많다는 것도 장점이 될 수 있을까? 물론 큰 장점이 될 수 있다. 예를 들어 전자공학과를 나온 사람이 있다. 겁이 없는 경우 투자 은행에 가서 파생상품을 만들어서 위험한 거래를 하는 편이 본인에게 맞는다. 하지만 겁이 많은 경우 해킹에 대비하는 IT 보안 부서에서 일하는 편이 좋다. 겁이 많아 남들이 상상하지도 못하는 위험에 대해서 미리 대비할 수 있는 것이다.

사회성이 떨어지는 것도 강점이 될 수 있을까? 낯선 사람에 대한 불편함이 유난히 큰 사람들이 있다. 집단감수성이 예민한 사람들은 집단과 함께 있으면 분위기를 금세 파악한다. 한마디로 눈치가 빠르다. 집단 분위기를 금세 파악하는 아이들은 집단을 덜 두려워한다. 하지만 집단 분위기를 늦게 파악하는 아이들은 여러 사람과 있으면 어색하다. 자신의 감정을 적절하게 드러내는 개방성도 중요하다. 타인에 대한 우리의 반응은 상대방의 감정과 상호작용을 한다. 만약에 어떤 사람이 기쁠 때나 슬플 때나 똑같은 표정을 짓는다면 우리는 그 사람이 기쁜지 슬픈지 알 수 없다. 그러다 보니 그 사람이 기쁠 때 함께 기뻐해 주지 못하고 슬플 때 함께 슬퍼해줄 수 없다. 그렇기 때문에 사회생활을 위해서는 집단 감정을 빨리 파악하고 적절하게 나의 감정을 개방할 수 있어야 한다. 낯선 사람에 대한 두려움이 없고 사회적 민감성이 높은 경우 우리는 사회성이 있다고 표현한다. 사회성이 부족하면 사회생활이 힘들다. 그렇기 때문에 사회성이 부족한 것이 강점이 될 수 있다는 것이 도대체 납득이 가지 않을 수도 있다. 하지만 아래 사례를 살펴보면 납득이 갈 것이다.

판사가 되었건, 검사가 되었건, 고위공직자가 되었건 청렴결백한 사람들을 보면 모르는 사람들과 어울리는 것을 싫어한다. 사람을 만나지 않다 보니 이상한 일에 엮일 가능성도 없다. 영화배우나 탤런트 중에서 스캔들도 없고 구설수가 없는 이들도 사람들 만나는 것을 좋아하지 않는다. 예능도 거의 하지 않는다. 이들은 결혼식을 할 때도 친척과 지인들만 모아 놓고 한다. 호화로운 예식장에서 잘 알지도 못하는 사람들을 모아놓고 결혼식을 하는 것이 영 거북하다. 결과적으로 검소한 결혼식을 한다. 사생활이 깨끗하기에 오래 간다. 교수님 중에서 놀지도 않고 평생 연구만 하는 분들이 있다. 연구에 집중하다 보니 사람들을 안 만나는 것일 수도 있지만 사람들과 쓸데없이 어울리지 않으니 그 시간에 연구에 집중할 수 있는 것일 수도 있다. 그리고 유난히 가정에 충실한 남자들이 있다. 그들이 집에 일찍 들어오는 것은 아내와 자식을 사랑하기 때문일 수도 있지만 모임을 싫어하기 때문일 수도 있다. 회식도 싫어하고, 동창회도 싫어한다. 모르는 사람이 만나서 술을 마시자고 하면 그것처럼 싫은 것이 없다. 그러다 보니 퇴근하면 집으로 온다. 주말에도 가족과 시간을 보낸다. 사회성이 부족한 것을 약점이라 생각하지 않고 있는 그대로 수용하면 사회성이 부족하다는 것이 장점으로 여겨질 수 있다.

외향적인 사람도 자신의 성격을 온전히 수용하는 자세가 필요하다. 외향성이 강한 사람은 모임을 좋아한다. 혼자서 가만히 있는 것처럼 힘든 것이 없다. 어디 한군데 틀어박혀서 조용히 공부만 하는 것이 어울리지 않는다. 외향성 강한 사람이 공무원 시험 준비를 하면서 1년 내내 친구도 만나지 않고 공부만 하는 것은 불가능하다. 차라리 일정 시간 이상 공부하지 말아야 한다. 하루 종일 공부만 하기로 계획할 경우 백이면 백 실패한다. 하루를 쪼개서 공부도 하고, 돈도 벌고, 놀기도 해야 끝까지 포기하지 않고 공부를 할 수 있다. 외향성이 강한 사람은 공부할 때도 혼자서 하는 것보다는 스터디 모임을 이용하건, 연인과 함께 하건 누군가와 함께 해야 한다. 하지만 내향성이 강한 사람은 다르다. 그들에게 스터디 모임은 쥐약이다. 그냥 혼자서 공부하는 것이 더 낫다. 외향성 강한 사람이 계속 혼자만 있다 보면 자기조절에 실패하기 마련이고 반대로 내향성이 강한 사람은 계속 사람들과 함께 있다 보면 자기조절에 실패할 것이다.

tip **자기조절 잘 하는 법**

1. 자극추구도가 높은 사람과 낮은 사람은 각각의 성향에 맞는 일을 선택해야 한다.
2. 각자의 성향에 반대되는 일에 억지로 부딪혀서 잘할 필요는 없다.
3. 본인에게 맞지 않는 상황에서 애써 노력하면 자기조절에 실패할 수밖에 없다.

진정한 자기조절을 위해
실패를 잊어선 안 된다

인간은 아무리 괴로운 일도 잊어버리게 되는 동물이다. 망각의 힘이 아니면 우리의 삶은 제자리에서 멈추게 된다. 아이를 낳는다는 것은 엄청나게 고통스러운 일이다. 하지만 시간이 지나면 아이를 낳았을 때 고통스러웠다는 기억은 남지만 통증에 대한 생생한 느낌은 서서히 사라진다. 그래서 출산 후 다시는 아이를 낳지 않겠다고 생각한 엄마가 또다시 아이를 가지려 한다.

연인과 헤어지면 너무 마음이 아프다. 실연의 고통으로 인해서 우울증에 빠지기도 한다. 1~2개월은 기본이다. 어떤 이는 우울증에 걸려서 1년 넘게 고생하기도 한다. 실연의 고통에서 힘들게 빠져나오고 다시는 연애를 하지 않겠다고 결심한다. 하지만 시간이 흐르면 고통에 대한 기억은 점점 바래지고 또다시 사랑에 빠진다. 물론 사랑은 나쁘지 않다. 그런데 문제는 똑같은 실수를 되풀이한다는 것이다. 또다시 사랑해서는 안 되는 상대와 사랑에 빠지게 되는 것이다. 일단 끌리기 시작하면 내 마음을 주체할 수 없는 것이다.

자기조절이 안 되어서 아무리 굳은 결심을 했더라도 시간이 지나면 방심하기 마련이다. 인간의 기억이라는 것이 그렇게 되어 있다. 인지심리학에서는 기억은 '입력-저장-인출' 3단계로 이루어졌다고 가정한다. 뭔가 사건이 발생하면 기억에 입력이 된다. 입력된 기억은 해마로 보내져서 방부처리가 된 후 다시 대뇌로 보내진다. 시간이 지나도 기억이 유지된다. 그러다가 필요할 때는 저장한 기억을 끄집어낸다.

주식을 해서 엄청나게 손해를 보면 금전적 고통과 심리적 압박이 기억으로 입력될 것이다. 입력된 기억은 저장될 것이다. 다시 주식을 하고 싶은 유혹을 느낄 때마다 자신도 모르게 고통스러운 기억이 떠오르게 되고, 그러면서 주식을 하고 싶은 욕망을 통제하게 된다. 하지만 시간이 지나다보면 주식을 해서 실패한 후 엄청나게 고통 받은 기억이 점점 희미해지고 다시 주식을 하고 싶은 욕망은 점점 강해진다. 그럴 때 필요한 것이 기억을 다시 경험하는 것이다. 영어 단어를 외울 때 반복해야 하듯이 고통스러운 기억을 반복하지 않으면 또다시 같은 실수를 되풀이하게 되는 것이다. 그래서 내가 아는 어떤 이는 주식을 해서 손해를 본 후 매도를 할 때 반드시 문제의 주식을 한 주株는 남겨 놓는다고 한다. 그래야 증권사 사이트에 로그인을 했다가 그 한 주를 보면서 본인이 얼마나 바보 같았는지를 상기하고 성급한 판단으로 투자를 결정하는 것을 멈춘다고 한다.

문제를 기억하자

자기조절을 위해서는 자기조절이 이루어지지 않았을 때 생겼던 문제를 절대로 잊으면 안 된다. 책상에도 붙여놓고, 화장실에도 붙여놔야 한다. 한때 진정으로 결심하면 모든 일은 이루어진다는 식의 자기계발서가 유행한 적이 있었다. 그래서 본인이 진절 갈망하는 목표를 천장에 붙여놓고 잘 때마다 소원을 비는 이도 있었다. 하지만 그렇게 소원을 빈다고 해서 목표를 이루지는 못할 것이다. 그러면 이 세상 사람들이 모두 다 부자가 되었을 것이고, 모두 다 이상형과 결혼을 했을 것이고, 모두 다 원하는 지위를 얻었을 것이다. 하지만 반대로 하는 건 가능하다. 고통스러운 과거를 천장에 붙여놓고 잘 때마다 상기하면 바보 같은 실수를 또다시 되풀이하지는 않을 것이다.

실수를 잊지 않기 위해서는 기록을 남겨야 한다. 일기를 쓰는 것도 좋은 방법이다. 잘못을 저지를 때마다, 자기조절에 실패할 때마다 최대한 감정을 담아서 일기를 쓰자. 그리고 한 달에 한 번씩 일기장을 펼쳐보자. 몇 년 전부터 반복되는 잘못과 실수를 보다보면 자기조절을 하려는 의지가 더 강해질 것이다. 그게 아니라면 미래의 나에게 예약편지를 보내보자. 마음이 느슨해질 것으로 예측되는 미래의 시점에 고통스러운 마음이 담긴 오늘의 편지를 받는다면 마음을 다시 잡게 될 수 있을 것이다. 자기조절에 실패한 경험은 쓰지만 기억하고 주의하면 같은 실수를 피하고 좀더 자기조절력이 키워지게 될 것이다.

tip ··· 자기조절 잘 하는 법

1. 인지심리학에서 기억은 입력-저장-인출 3단계로 이루어진다고 가정한다.

2. 자기조절을 위해서는 자기조절이 안됐을 때 발생한 문제를 반드시 기억하고 같은 실수를 반복하지 말아야 한다.

3. 자기조절에 실패할 때마다 최대한 감정을 담아 일기를 써서 조금씩 개선해보자.

나의 자존감을 지키는 방법,
적절한 복수

상담을 하다보면 피해자의 트라우마 치료에 대해서 질문을 받게 되는데, 환자분들을 상담하다가 깨닫게 된 것이 있다. 가해자의 처벌이 가장 중요하다는 점이다. 가해자가 철저하게 처벌받을수록 환자의 회복이 빠르다. 복수심을 해결하지 못하면 자존감은 더욱 떨어진다. 복수도 못하는 내가 바보 같다는 생각에 사로잡히면 자존감은 더욱 낮아진다. 그럴 때 옆에서 일단 참으라고 충고를 하는 경우 당사자는 더욱 괴로워한다. 남편이 괴롭혀서 친정에 갔더니 친정에서 참고 살라고 하는 경우 아내의 자존감 잔고는 마이너스 백점에 추가로 마이너스 백점이 된다. 직장에서 부당한 대우를 받아서 이의를 제기하려고 하는데 부모님이 직장생활이라는 것은 다 그렇다면서 참으라고 하는 경우 역시 자존감 잔고는 마이너스로 떨어지게 된다. 학교에서 교내 폭력 때문에 피해를 받았는데 부모님이 그 아이들도 다 같은 학생이니까 용서하자고 하면 그때 역시 자존감 잔고는 마이너스로 떨어진다. 이럴 때는 가능하면 피해자의 편이 되어서 가해자를 응징하는 것을 도와주는 것이 최선이다. 그게 아니면 차라리 가만히 있는 것이 최선이다.

나를 지키기 위한 복수

그런데 부당한 일이 발생해도 유난히 자기주장을 못하는 이들이 있다. 우선 타고 태어나기를 겁이 너무 많은 사람들이 있다. 겁이 많다 보니 처벌은 꿈도 못 꾼다. 싸운다는 생각만 해도 두렵다. 그러다 보니 자기 합리화를 한다. 그때 필요한 것이 용서다. 어떻게든 빨리 용서를 하고 싶다. 복수를 못하니 용서라도 해야 한다. 그런데 용서를 하려고 해도 최소한도의 명분이 있어야 한다. 상대방이 형식적으로라도 사과를 해야 용서할 수 있다. 다시는 안 그러겠다고 약속을 해야 용서할 명분이 생긴다. 그런데 가해자들은 피해자를 봐가며 행동한다. 이렇게 약해빠진 피해자에게 알아서 사과를 하고 약속을 하는 가해자가 있을까? 가해자는 약속은커녕 사과도 하지 않는다. 그러다 보면 피해자가 가해자에게 잘못했다고 한마디만 해달라고 부탁하는 꼴이 된다. 가해자가 그냥 지나가는 말로 마지못해 "미안해"라고 한마디 하면 피해자는 기다렸다는 듯이 용서한다. 사과를 받았지만 비참하기 짝이 없다. 가해자가 똑같은 행동을 해서 지난번에 잘못했다고 하고 왜 또 이런 행동을 하느냐고 하면 가해자는 적반하장으로 나온다. 한 번 잘못했다고 말하면 됐지 언제까지 우려먹을 생각이냐면서 성질을 낸다. 때로는 '네가 이런 식으로 행동하니까 내가 안 그럴 수 있겠냐'라고 하면서 자신의 행동을 합리화한다.

한술 더 떠서 속으로는 미워 죽겠는데 겉으로는 괜찮은 척하기도 한다. '반동형성'이라는 방어기제가 있다. 현재 나의 감정과 반대로 행동을 해서 고통을 부정하려는 심리기제다. '원수를 사랑하라, 미운 아이 떡 하나 더 준다'라는 속담이 그 대표적인 심리다. 미워죽겠다. 그렇기 때문에 도리어 너그러운 태도를 보이는 것이다. 그런 이들이 하는 얘기가 있다. 똑같은 사람이 되는 것이 싫다는 것이다. 도덕적 우위를 통해 자신이 강자라는 것을 보여주는 것이 이기는 것이라는 것이다. 하지만 과연 그럴까? 내가 이겼다고 생각해서 과연 승리일까? 상대방이 생각하기에 내가 이겼다고 생각하거나 상대방이 졌다고 생각해야 그것이 승리다. 내가 이겼다고 스스로를 아무리 속여도 소용이 없다. 누군가로부터 부당한 대우를 받아서, 차별을 받아서, 무시당해서 괴로울 때는 차라리 적절한 방법으로 복수를 하자. 그래야 나를 지킬 수 있고, 자존감이 유지된다.

과거의 나는 자존감이 높은 사람은 오히려 화를 내지 않는다고 주장했다. 어떤 사람이 자신은 이만큼 잘 났고 상대방은 자신보다 훨씬 못한 존재라고 생각한다. 그럴 때 나보다 못하다고 여기던 상대방이 나를 인정하지 않을 경우 상대방이 나를 무시한다면서 화를 낸다. 그래서 화를 많이 내는 이는 역설적으로 자존심이 낮다고 생각을 했었다. 자존감은 자신을 존중하는 마음인데 그렇게 자신이 훌륭하다면 누가 자신을 무시한다는 이유로 쉽게 화를 내서는 안 된다고 생각했기 때문이다. 그런데 정신과 의사 생활을 하면서 생각을 바꿨다. 내가 화를 내지 않는 사람이어서 그런 고정관념을 지니고 있었던 것이다. 나는 화를 거의 안 내는 편이다. 그래서 누가 나를 건드리거나 무시해도 그냥 넘어가고는 했다. 그러다 보니 내가 화를 안 내는 것에 대한 합리화가 필요했다. 그냥 성격 때문에 화를 안 내고 어쩌면 화를 못 내는 것이었는데 내가 화를 안 내는 것은 자존감이 높아서라고 스스로를 합리화했던 것이다.

　이렇게 내가 생각을 바꾸게 된 것은 수많은 환자들을 성격검사를 하면서 화의 또 다른 면을 깨닫게 되었기 때문이다. 겁이 많은 사람은 화를 내지 못한다. 상대방이 보복할 것이 두렵기 때문이다. 동정심이 강한 사람 역시 화를 내지 못한다. 상대방의 마음을 아프게 하기 싫어서다. 충동적인 사람은 화를 많이 내고 심사숙고하는 사람은 화를 잘 내지 못한다. 그런데 똑같이 겁이 많고 동정심이 많고 심사숙고하는 스타일이더라도 그중에는 자존감이 높은 이도 있었고 자존감이 낮은 사람도 있었다. 그러면서 나는 화와 자존감 사이의 내 생각을 재구성하게 되었다. 자존감이 높아서 화를 참는 사람도 있고 자존감이 낮아서 화를 못내는 사람도 있는 것이다.

화내는 것은 자연스러운 일

예를 들어 평소에는 화를 안 내던 사람이 갑자기 화를 내는 경우가 있다. 주위에서도 당황한다. 이럴 경우 화를 내서 골치 아픈 문제가 해결되더라도 마음이 편치 않다. 스스로 화를 안 내는 사람이라고 생각하고 있었는데 갑자기 화를 냄으로 기존의 자신과 새로운 자신 사이에 혼돈이 생긴 것이다. 이러한 혼돈을 해결하기 위해서는 화를 내지 않는 자신으로 돌아가야 한다. 이런 상황이 싫어서 충분히 화를 낼 이유가 있었음에도 사과를 하고 얼버무리게 되는 것이다. 평소에 울지 않던 사람이 울게 되는 경우도 그렇다. 심지어 평소에 웃지 않던 사람이 웃는 경우도 그렇다. 좋건 나쁘건 평소의 자신과 달라지면 우리는 자기조절이 안 된다고 느낀다. 그런 점에서 화를 내느냐 안 내느냐보다 더 중요한 것은 얼마나 자기조절을 잘 할 수 있느냐다. 화내고 싶을 때 화내고 싶은 만큼 화내는 것이 중요한 것이다. 그러한 화를 언제, 어느 정도로, 어떤 방법으로 표현할지는 각각의 상황에 따라 다르다. 하지만 단지 내가 화를 못 내서, 화내는 것이 불편해서, 화내는 것이 겁이 나서 참는 것은 자아존중감에 해가 된다. 다만 화를 냈을 때의 손해가 화를 냈을 때의 이익보다 훨씬 큰 경우는 화를 참아도 된다.

	화를 내는 성격	화를 못 내는 성격
자존감이 높은 사람	화를 내지 못하면 자존심이 상한다. 화를 내도 후회하지 않는다. 순간적으로는 화를 못 내면 자존감이 저하되고, 화를 내면 자존감이 올라간다. 하지만 장기적으로는 화를 낼수록 공공의 적이 되기에 공적 존중감이 저하되면서 자존감이 낮아진다.	지금처럼 하면 된다. 화를 참을 때마다 자존감이 올라갈 것이다. 화를 내면 괜히 화를 냈다는 생각 때문에 불편해지며 오히려 자존감이 낮아진다.
자존감이 낮은 사람	화를 참는 연습을 해야한다. 화를 낼 때마다 이정도 일도 못 참는 자신이 문제가 많다는 생각때문에 자존감이 낮아질 것이다. 그리고 화를 내면 사람들이 더욱 싫어할 것이다. 사람들이 자신을 멀리하면 자존감은 더욱 낮아질 것이다. 화를 내지 않는 것이 최선이다.	앞으로 소극적으로라도 감정을 표현해야 한다. 나를 화나게 만드는 이를 적극적으로 피해야한다. 직접 화를 내지 못하겠다면 공식적인 경로를 통해서 이의를 제기해야 한다. 누가 나를 부당하게 비난할 때 공개적으로 조치를 취해야 자존감이 올라간다.

그리고 화를 조절하기 위해서 알아야 할 것이 내가 어떤 상황에서 어떤 이유로 화를 내느냐다. 심리학자인 닷지Kenneth A.Dodge와 코이John D.Coie는 공격성을 주도적 공격성과 방어적 공격성으로 분류한다. 자

신이 주도해서 공격하는 이들은 목적이 있다. 자신의 이익을 위해 상대방을 협박하는 조직폭력배는 두말할 것 없이 주도적 공격성을 보인다. 자신에게 아무 해도 끼치지 않는 이를 단지 기분 나쁘다는 이유로 조롱하고 비웃는 경우 역시 주도적 공격으로 분류된다. 단지 재미있다는 이유로 약자를 괴롭히는 이들 역시 주도적 공격군으로 분류된다. 이들은 누군가에게 고통을 주면서도 진정한 반성을 하지 않는다. 죄책감이 없다. 오히려 처벌을 받아서 주춤하게 되면 본인이 달라졌다고 느끼고 우울해한다. 과거 같으면 자기 마음대로 했을 텐데 그러지 못한다는 것이다.

하지만 방어적 공격성을 보이는 이들은 다르다. 이들은 누가 자신을 건드리고 자극하기 때문에 공격적인 행동을 보인다. 때로는 주도적 공격성을 보이는 이들로부터 자신을 보호하기 위해서 공격적인 행동을 보이기도 한다. 하지만 문제는 그 반응이 지나치다는 것이다. 누가 나에게 소리 지르지 않으면 나도 상대방에게 소리 지르지 말아야 한다. 그런데 누가 나를 비아냥대면 나도 모르게 목소리가 커져서 싸우게 된다. 결국 먼저 흥분한 나만 잘못한 것이 된다.

이렇게 자신을 방어하면서 지나치게 공격적으로 행동하는 이들을 검사해보면 정서적으로 불안한 경우가 적지 않다. 심리검사 중에서 '비 맞는 사람 검사'가 있다. 대부분의 사람들은 비 맞는 사람을 그리라고 하면 우산을 쓰고 있는 사람을 그리거나 우비를 입은 사람을 그린다. 그런데 참고 참다가 화를 터뜨리는 내담자들은 우산도 쓰지 않고, 우비도 입지 않고 그냥 비를 맞고 있는 사람의 모습을 그리고는 한다. 누가 자신을 화나게 하거나 스트레스를 받으면 적절히 방어하거나 피하지 못한다. 참고 참다가 한 번에 폭발하게 된다. 그냥 한마디 하면 될 것을 참고 참다가 울고 불며 화를 내게 되는 것이다.

다이너마이트는 언제 터질지 모른다. 충격이 가해지면 터진다. 하지만 똑같은 충격을 바위에 가하면 바위는 폭발하지 않는다. 몇 십 배, 몇 백 배 충격을 가해도 폭발하지 않는다. 다이너마이트이기 때문에 폭발하는 것이다. 마음도 마찬가지다. 속이 이미 부글부글 끓고 있는 사람은 작은 충격에도 감정적으로 폭발한다. 원인은 불행한 과거 때문일 수도 있고, 당면한 스트레스 때문일 수도 있다. 때로는 우울증 때문이기도 하다. 자신이 언제 터질지 모른다는 것을 알기에 어떻게든 억지로 참으려고 한다. 하지만 그러다 보니 조용히 말로 해도 될 것을 참고 참다가 폭발하게 되는 것이다. 이런 일이 반복되면 사람들과의 접촉을 스스로 피하게 된다. 그러다 보니 누군가를 통해서 자신의 의견을 간접적으로 전달하지도 못한다. 누가 스트레스를 줘도 참고 본다. 그러다가 한계에 도달하면 직장을 그만두거나, 모임에 발을 끊는다. 반대로 억지로 계속 스트레스 상황에 자신을 노출하다보면 폭발하게 되는 것이다.

이런 경우 억지로 참는 것이 해결책이 아니다. 말하는 법을 배워야 한다. 참을 만하다고 생각될 때 말을 해야 한다. 도저히 참을 수 없다고 생각이 들면 이미 늦었다. 참지 말고 말하는 법을 익혀야 한다. 참지 말고 도움을 청하는 법을 익혀야 한다. 그래야 억울한 일을 덜 당한다. 억울한 일을 당하면 만회하기 위해서 노력해야 한다. 하지만 그보다 더 중요한 것은 억울한 일을 당할 상황 자체를 피하는 것이다. 그러기 위해서는 나를 억울하게 만들 수 있는 이상한 사람을 멀리하고, 억울한 일이 발생할 수 있는 장소와 상황도 멀리해야 한다. 자존감을 올리는 것보다 더 중요한 일은 자존감이 무너지는 상황을 피하는 것이다. 한번 무너진 자존감을 단기간에 자신의 의지로 회복하는 것은 거의 불가능하다. 나의 자존감을 무너뜨린 이를 나름의 방법으로 벌주지 않으면 자존감은 회복되기 어려울 수 있다. 하지만 현실에서 복수란 쉽지 않다. 그렇기 때문에 누군가로 인해서 나의 자존감이 상할 상황 자체를 미리 피하는 것이 중요하다.

tip .... **자기조절 잘 하는 법**

1. 부당한 대우로 억울할 때는 적절한 복수도 필요하다.
2. 자존감이 높아서 화를 참는 사람, 자존감이 낮아서 화를 못 내는 사람이 있다.
3. 자존감이 상할 상황 자체를 피하는 것이 때로는 자존감이 무너지는 것을 피하는 방법이다.

자기주도적인 리듬에 맞춰
인생을 살아갈 것

옛날에 전쟁을 할 때는 북 치는 역할이 꼭 있었다. 대열 앞쪽에서 북을 치며 행군의 박자를 맞춘 것이다. 과거 전쟁에서 군인들은 처음부터 군인이 아니었다. 농민들을 동원해서 먼 전장까지 행군을 해야 했다. 그래서 북소리를 이용해 박자를 맞춘 것이다. 그러지 않으면 제각각 다른 속도로 걷게 되고 누구는 빨리 걷고 누구는 늦게 걷게 되면서 대열이 흐트러진다. 북 소리로 행군의 속도를 조종한 것이다. 빨리 걷는 이는 속도를 절제하고 늦게 걷는 이는 속도를 내게 되었다. 삶도 마찬가지다. 리듬을 타야 한다.

무라카미 하루키의 소설 《댄스 댄스 댄스》는 인생을 춤에 비유한다.

주인공은 어느날 아내가 사라지고 인생이 공허해진다. 그러면서 자신이 인생이라는 춤을 추다가 리듬을 잃었다는 것을 깨닫는다. 이후 주인공은 삶의 리듬을 되찾는 모험에 휘말리게 된다.

피겨 스케이팅은 빙판 위에서 춤을 추는 고난이도 스포츠다. 피겨 스케이팅이라는 춤을 추다보면 발을 삐끗할 때가 있다. 그럴 때 다시 리듬을 되찾고 춤을 끝낼 수도 있고, 계속 스텝이 꼬이면서 춤을 포기하게 되기도 한다. 춤을 추다가 스텝이 꼬이는 것은 인생으로 따지면 삶이 자기통제에서 벗어나는 것이다. 춤을 추다가 리듬을 놓칠 때와 마찬가지로 인생이 꼬이고 있다는 것을 깨닫는 순간 우리는 선택의 기로에 선다. 리듬을 다시 되찾아 삶을 제자리로 돌릴 수도 있고, 계속 실수를 반복해서 삶을 더 힘들게 만들 수도 있다.

춤을 추다가 리듬을 놓쳤을 때 밴드가 박자를 바꿔서 음악을 나에게 맞춰준다면 리듬에 맞춰 스텝을 찾기가 편할 것이다. 하지만 피겨 스케이팅 대회장이나 댄스경연장에서 스피커로 울려 퍼지는 음악에 맞춰 춤을 추는 경우 내가 음악을 바꿀 수 없고 내가 음악에 맞출 수밖에 없다. 인생도 마찬가지다. 인생이 뜻대로 안 풀릴 때 우리는 음악을 탓하는 댄서처럼 주변을 탓하게 된다. 하지만 음악을 바꿀 수 없을 때 내가 음악의 리듬에 맞출 수밖에 없듯이 환경을 바꿀 수 없을 때 내가 환경에 맞출 수밖에 없다. 선택의 여지가 없는 것이다.

나 혼자 춤을 추는 것이 아닌 상대가 있을 경우 상대방과의 호흡이 중요하다. 인생도 마찬가지다. 가족과의 호흡, 동료와의 호흡이 중요하다. 만약에 나의 페이스에 맞춰서 자신의 페이스를 조절해 주는 상대방이 있다면 인생살이가 훨씬 용이할 것이다. 좀 더 나은 파트너를 만날수록 춤을 추기가 용이하지만 내가 실력이 없으면 좋은 파트너를 만나는 것도 어렵다. 반대로 내가 실력이 늘면 늘수록 실력 있는 파트너를 만나게 된다. 결국 제일 중요한 것은 나 자신이다. 반주를 탓하지도 말자. 파트너를 탓하지도 말자. 내가 제일 중요하다. 평소에 열심히 연습해서 실력을 키워야 한다.

그런데 아무리 춤을 잘 추는 이도 언젠가는 실수할 수밖에 없다. 그럴 때 이미 벌어진 실수를 계속 의식하다 보면 결국 스텝이 꼬여서 넘어지게 된다. 나의 댄스도 망치고 파트너의 댄스도 망친다. 그럴 때는 실수를 만회할 여유가 필요하다. 춤은 한 번으로 끝나지 않는다는 것을 잊지 말자. 다음에 더 잘 추면 된다. 만약에 연속적으로 실수를 할 때는 잠시 쉬는 것도 나쁘지 않다.

이처럼 자기주도적인 삶을 사는데 있어서 가장 중요한 것은 춤을 출 때 리듬을 타듯이 상황적인 흐름을 타는 것이다. 행동경제학이라는 분야가 있다. 흔히 사람들은 누구나 굉장히 합리적으로 행동하는 것 같지만 실은 그렇지 않다는 것에 기초한 학문이다. "집값이 떨어진다, 주가가 떨어질 것이다"라고 아무리 정부와 경제학자가 경고해도 사람들은 거품경제일 때는 겁 없이 투자를 해서 상투를 잡는다. '패닉

(공포)'에 한 번 사로잡히면 그때는 주식이건 부동산이건 겁에 질려 매매한다. 합리적인 판단을 한다면 쌀 때 사고 비쌀 때 팔아야 한다. 그런데 부동산이건 주식이건 대부분의 사람들은 비쌀 때 사고, 쌀 때 판다. 그것이 인간이다. 아무리 아껴서 돈을 모아도 경제의 리듬을 반대로 타면 절대로 성공하지 못한다.

장사를 할 때도 마찬가지다. 처음 개업을 할 때는 의욕적이다. 하지만 개업 초기는 고객을 대하는 것도 갈팡질팡하고, 새로 하는 서비스도 낯설고, 직원도 자주 바뀐다. 개업할 때 대부분 광고도 적극적으로 한다. 하지만 손님은 없다. 손님이 없는 이유는 광고가 무용지물이어서가 아니라 매장의 서비스 수준이 고객의 기대에 한참 부족하기 때문이다. 그렇게 몇 달 그리고 1년을 버티면서 사장은 점점 무기력해진다. 더 이상 뭘 더 해보고 싶은 마음이 싹 사라진다. 손님이 조금씩 늘기는 하는데 1년 동안 들어간 비용을 생각하면 본전도 뽑지 못한다는 걱정뿐이다. 심기일전을 해서 손님도 더 열심히 보고 마케팅도 다시 적극적으로 해야 되는 시점이다. 그런데 이런 상황에 처한 사장님들은 백이면 백 이렇게 말한다. "마케팅이요? 이것저것 다 해봤는데 소용없어요." 너무나 상업적이라며 경쟁자들을 비난하고 내가 왜 개업을 했지 하고 어려움을 하소연할 뿐이다. 막상 광고를 해야 할 때는 광고를 하지 않는다. 장사가 잘 되어도 사실 문제다. 광고 안 해도 장사가 잘되면 그보다 더 좋을 수는 없다. 하지만 그런 좋은 시기가 마냥 계속되지는 않는다. 소비자의 취향이 바뀌고 경쟁이 더 심해진다. 따라서 잘 될 때 더 열심히 해야 하는데 어느 정도 자리가 잡히면 광고를 하지 않는다. 그때쯤 경쟁자가 그 자리를 파고든다.

살다보면 마법 같이 일이 잘 풀릴 때가 있다. 뭐든지 다 잘 될 것 같은 자신감이 내 안에 생길 때가 있다. 체력도 뒷받침되어서 노력을 할 수 있다. 그리고 마침 막 붐이 일어나는 일에 손을 대게 된다. 재능, 체력, 세상의 변화가 맞아떨어지면 마치 마법의 손을 지닌 것 같이 일이 일사천리로 잘 풀린다. 체력이 되고, 일도 재미있고, 잘 풀리는 시기가 있다. 나는 그것을 '마법의 시기'라고 표현을 한다. 그런데 어느 순간 그 마법이 사라져버린다.

아무리 노력을 해도 일이 안 풀릴 때가 있다. 처음 그런 때가 찾아왔을 때 그 신호를 무시하면 안 된다. 음악이 멈추면 춤을 멈추고 자리에 앉아서 쉬어야 하듯이, 마법의 시기가 멈췄다는 것을 감지하면 그때는 한 발자국 뒤로 물러나 기다려야 한다.

그렇다고 이제 나의 때는 지나갔나보다 하고 실의에 빠져 넋을 놓고 있을 필요는 없다. 몇 년 동안 좋은 일만 있다가 불행을 경험하면 그 불행이 상대적으로 더 크게 느껴지기도 한다. 그러면 당황하고 위축된다. 왜 내게만 이런 일이 생기지 하면서 자기연민에 빠진다. 그럴 필요는 없다. 그냥 이렇게 안 좋을 일이 생길 때가 되었나보다 하면서 담담하게 마음을 먹으면 된다. 그러다 보면 어느 순간 다시 일이 잘 풀리는 순간이 온다.

고기를 썰 때도 결대로 썰어야지 반대로 썰고자 하면 힘들다. 가르마도 매번 타던 방향대로 빗어야지 반대로 타려면 힘들다. 수영도 물결방향으로 헤엄칠 때 빨리 나간다. 물결에 거슬려서 수영을 하려면 힘들다. 뛸 때도 마찬가지다. 오르막에서 억지로 뛰어도 속력이 안 난다. 차라리 오르막에서는 힘을 아끼고 내리막일 때 뛰어서 속력을 내는 것이 낫다. 내려가는 에스컬레이터에서 반대로 뛰어 올라가려고 해도 안 되듯이 말이다. 인생도 마찬가지다. 흐름을 타야 하고 리듬을 타야 한다. 인생이 내 뜻대로 되지 않듯 내 자존감이 내 마음대로 되지 않는다. 자기조절이 쉽지 않다. 그저 자연스럽게 내가 노력할 수 있는 만큼만 최선을 다해보자.

 자기조절 잘 하는 법

1. 자기주도적으로 살고자 한다면 자연스러운 리듬을 타야 한다.
2. 아무리 노력을 해도 일이 안 풀릴 때는 잠시 멈추고 기다려야 한다.
3. 자연스럽게 내가 할 수 있는 만큼만 자기조절을 위해 노력해 보자.

특별부록

최명기의
심리상담소 Q&A

Q&A

자기조절이 안 되는 여러 가지 다양한 상황에 대해 상담자가 질문하듯 저자에게 고민을 털어놓고, 저자가 답변을 해주는 형식으로 꾸린 특별부록입니다. 자신에게 적용할만한 상황이 담긴 질의응답을 집중적으로, 찬찬히 읽어보시길 바랍니다.

Q. 저장강박 **물건을 버리지 못해서 고민입니다.**

저장강박증이 있는 경우 남들이 보기에는 쓸모없는 물건이지만 본인이 보기에는 쓸모가 있는 물건을 모아두는 것입니다. 그렇게 쌓아놓은 물건들을 보면서 마음의 허전함을 달랩니다. 물건이 없어지면 마음이 허전해서 무너질 것 같습니다. 집안에 물건이 쌓이다 보면 사람들의 발길이 뜸해집니다. 사람들의 발길이 뜸해지면 외롭습니다. 그러다 보니 더 많은 물건을 쌓아놓게 됩니다. 그러면 그럴수록 사람들과는 더욱더 멀어지는 악순환이 되풀이됩니다.

수집벽도 어떤 점에서 저장강박증의 또 다른 형태입니다. 아이들의 경우 샤프, 지우개, 볼펜 등을 필통에 계속 쌓아놓고는 합니다. 어른들이 보기에는 아직 다 쓰지도 않는데 계속 사 모으는 것과 같습니다. 그런데 아이들은 샤프가 많다는 것, 볼펜이 많다는 것도 자존감을 유지하는 중요한 수단입니다.

만약 물건을 버리지 못하는 성향에서 벗어나고 싶다면 자신에게 문제가 있다는 것을 인정하는 것이 우선입니다. 물론 병이라는 것을 인정한다고 해서 하루아침에 바뀌는 것은 아닙니다. 하지만 일단 마음이 불편해집니다. 그러면서 산더미처럼 쌓인 물건을 보면서 마음이 불편해집니다. 하지만 여전히 일단 가지고 있는 것을 버리기엔 쉽지 않습니다. 더 이상 짐이 늘어나지 않는 것이 중요하죠. 일단 뭔가 하나 물건이 늘어나면 뭔가를 하나 버리는 것부터 시작해봅시다. 버리지 않는 한 새로운 물건을 추가해서는 안 됩니다. 그리고 물건을 버리지 못하는 분들은 어느 하루 날을 잡아서 싹 다 버려야 한다고 생각합니다. 하지만 버려도 된다고 생각하고 물건을 모아 놓아도 막상 버려야 하는 순간이 되면 생각이 바뀝니다. '혹시 이것은 나중에 쓸모가 있을지도 몰라, 이건 그래도 내가 아끼던 물건인데' 하면서 하나씩 빼게 됩니다. 그러면서 버리기 위해 모아 놓은 물건에서 하나씩 하나씩 빼기 시작합니다. 그러다 보면 몇 개 남지 않습니다. '이렇게 몇 개 버려도 티도 안 날거야. 이럴 바에는 그냥 다 갖고 있자'라고 생각이 바뀝니다. 차라리 매일 1개씩 버리는 것이 현실적입니다. 일주일에 1개씩만 버리면 1년이면 50개 내외의 물건을 버리게 됩니다. 하루에 하나씩 버리면 1년이면 365개의 물건을 버리게 되는 것이죠. 현재 내가 가지고 있는 물건 중에서 가장 쓸모없는 물건을 하나씩 버립시다. 만약에 그것도 힘들다면 남의 힘을 빌려야 합니다. 며칠 동안 집을 떠나고 가족이나 친구들에게 물건을 처리해달라고 합니다. 그런데 이 물건이 쓸모 있는지, 없는지의 기준은 전적으로 타인에게 맡겨야 합니다. 만약에 정리 작업을 맡길 가족이나 친구가 마땅치 않다면 전문 업체에 맡기는 것도 방법입니다.

Q. 불안장애 불안한 감정을 이길 수 없어요.

공황장애를 비롯한 불안장애를 치료하는 데 있어서 가장 중요한 것은 '불안을 느끼지 않는 것'입니다. 불안은 아주 강력한 감정입니다. 매일 공포를 느끼면서 공포를 극복하기란 거의 불가능합니다. 공포는 경험하면 경험할수록 더 두려운 법입니다. 반대로 공포를 경험하지 않는 기간이 길어질수록 마음속 두려움도 사라집니다. 매일 불안을 경험하면서 불안을 스스로 이겨낸다는 것은 불가능합니다. 충분한 양의 약을 규칙적으로 복용해서 불안 자체를 느끼지 않는 것이 공황발작 치료에서는 가장 중요합니다. 규칙적으로 충분한 양의 항불안제제를 복용해서 불안자체를 일단 사라지게 해야 합니다.

마찬가지로 만약 당신을 미치도록 무섭게 하는 것이 있다면 일단 거리를 두고 피하는 것이 우선입니다. 공포의 대상을 마주하면서 마음을 다스리는 것은 불가능합니다. 일단 공포의 대상과 멀어져야 합니다. 그래야지 공포의 대상을 객관적으로 인식하게 됩니다. 누군가에 대해서 공포를 느끼면 그 대상이 훨씬 더 크고 무섭게 느껴지기 마련입니다. 하지만 그 대상으로부터 분리가 되면 내가 생각한 것보다 그 대상이 더 작고, 덜 무서운 존재였다는 것을 인식하게 됩니다. 그러면서 마음이 치유가 되고 심리적 면역기제도 다시 작동하게 됩니다. 그렇게 마음이 회복이 되고 공포의 대상을 마주하게 되면 싸워볼 만하다는 생각이 들 것입니다. 하지만 일단 공포라는 마법에 사로잡히면 아무리 의지로 극복하려고 해도 극복이 안 됩니다.

Q. 충동장애 저는 너무 충동적인 것 같아요.

충동성이 강하고 자유분방한 사람들이 있습니다. 충동성이라고 하면 부정적인 느낌을 받게 됩니다. 하지만 충동성은 다르게 표현하면 용기로 표현되기도 합니다. 자신의 의무가 아닌데 위험을 무릅쓰고 이웃에 불이 났을 때 불을 끄기 위해서 뛰어들고, 도둑질을 하고 달아나는 범인을 쫓아가는 이들은 충동성을 용기라는 긍정적인 의미로 변환시켜 행동한 것입니다. 충동성은 다르게 표현하면 결단력입니다. 누군가 자신에게 겁을 주고 협박할 때 질질 끌려가지 않고 대항을 합니다. 좋은 기회가 찾아왔을 때 우물쭈물하지 않고 기회를 잡습니다. 그리고 인생을 살다보면 남는 것은 기억입니다. 하루 세 끼 밥을 먹고, 사람들과 떠들고, TV 보고, 스마트폰을 하고, 잠을 자지만 그런 자잘한 일상들은 하나도 기억나지 않습니다. 세월이 흘러 우리의 삶을 기억하는 것은 몇 안 되는 향수 어린 기억들입니다. 그런 점에서 내가 뭔가 하고 싶을 때 내가 하고 싶은 대로 할 수 있는 것 또한 능력인 것이죠. 당신의 충동성을 꼭 죽여 없애야만 한다는 생각은 하지 맙시다. 다만 충동성 때문에 발생할 수 있는 큰 실수를 피하는 것이 중요합니다.

충동성은 마치 용수철과 같습니다. 억누르려고 하면 할수록 빵 터지는 경향이 있죠. 그래서 충동성 자체를 의도적으로 억지로 찍어 누르려는 시도는 실패할 가능성이 많습니다. 그런데 인간은 저마다 충동성에 대한 감속장치를 지니고 있습니다. 어떤 사람은 충동적이면서 겁도 많습니다. 때로는 하고 싶은 것을 못하게 하는 겁 많은 성격이 짜증 납니다. 하지만 겁 많은 성격이 충동성의 감속장치 역할을 하게 됩니다. 어떤 사람은 충동적이면서 동시에 강박적입니다. 강박적인 측면이 충동성의 감속장치 역할을 합니다. 어떤 사람은 충동적이면서 너무 사람들을 의식합니다. 그래서 머릿속에서는 충동적인 생각이 가득 차오르지만 표현은 못합니다. 사회적 민감성이 충동성의 감속장치 역할을 합니다. 어떤 사람은 동정심이 많고 감정이 풍부합니다. 충동적인 생각을 하다가도 그로 인해서 상처 받을 가족, 친구, 동료 때문에 참습니다. 어떤 사람은 뭔가 일이 발생하면 자신의 책임으로 돌리면서 죄책감에 사로잡히기도 합니다. 죄책감이 충동성의 감속장치 역할을 하는 것이지요. 착한 마음이 충동성의 감속장치 역할을 합니다. 억지로 충동성을 누르려고 하기보다는 두려움, 강박, 사회적 민감성, 동정심, 죄책감 같은 충동성 감속장치를 인지하고 제어할 수 있는 심리를 강화시키는 것이 필요합니다.

Q. 평판강박 사과와 용서에 집착하게 됩니다.

남이 나를 미워하는 것을 좋아하는 사람은 없습니다. 하지만 얼마나 신경 쓰느냐는 사람에 따라서 다르죠. 남의 심기를 건드릴까봐 미안하다는 말을 입에 달고 살고, 거절도 못하는 이가 있는가 하면 내 면전에서 뭐라고 하는 것이 아니면 누가 나를 어떻게 생각하느냐에 신경을 끄고 다니는 이도 있습니다. 자신이 잘못한 것이 없는데 곤란한 상황을 피하기 위해서 미안하다고 사과하는 경우도 있습니다.

공적인 측면에서는 어쩔 수 없이 그런 태도가 필요할 때도 있습니다. 흔히 고객과 싸워서 이기지 말라는 말이 있습니다. 논리적으로 이겨서 고객이 자기가 잘못 알았다고 인정하게끔 한들 그 고객이 그 가게에서 다시는 물건을 사지 않게 되면 결과적으로 손해이기 때문입니다. 회사에서 직장상사를 대할 때도 미안하다고 사과할 때가 있습니다. 그에게 잘 보여야 승진도 하고 월급도 오를 수 있기 때문이죠. 비굴하게 아부를 할 필요는 없지만 그렇다고 성질을 돋울 필요는 없습니다. 이런 경우는 이익을 위해서 어쩔 수 없이 미안하다고 해야만 합니다. 굳이 비유를 들자면 누가 총을 겨누고 있으면 아무리 잘못한 것이 없더라도 미안하다고 해야 할 것입니다.

그런데 잘못한 것도 없고 누가 억지로 강요하는 것도 아닌데 나에 대해서 남이 혹시 안 좋은 감정을 가지고 있는 것이 아닌지 불안해서 불안해하는 이들이 있습니다. 상대방이 나 좀 미워한다고 해서, 상대방이 나 좀 싫어한다고 해서 손해를 보는 것도 아닙니다. 그가 나를 어떻게 할 수 있는 것도 아닙니다. 그런데 마음이 편치 않아서 항상 먼저 상대방에게 연락을 합니다. 상대방이 뭔가 불만을 얘기하면 잘못한 것도 하나 없는데 이런 저런 변명을 합니다. 어떤 경우는 마음에 없는 사과도 합니다. 그런데 상대방이 내 사과를 받아들여주지 않으면 계속 매달리고 연락하죠. 도대체 어떤 심리에서 이렇게 되는 것일까요?

우선 두려움이 한몫합니다. 어려서부터 원래 겁이 많게 태어난 경우 자라는 과정에서도 수시로 야단을 맞거나 체벌을 당했다면 그 마음은 쉽게 두려움으로 차게 됩니다. 자라는 과정에서 조금만 부모의 마음 혹은 자신을 돌봐주는 이의 마음에 거슬리는 행동을 하면 그것이 차별이나 불이익으로 이어졌다고 가정을 합시다. 나이가 들어서 조금 기분 나쁠 뿐 큰 상관이 없는 상황이 와도 그는 어렸을 때 받은 트라우마 때문에 누군가의 마음을 상하지 않게 하려고 합니다. 공포와 불안을 이겨내지 못하는 것이죠. 무조건적으로 갈등을 회피하고자 합니다. 그렇기 때문에 항상 사과하고, 미안하다고 합니다. 누가 잘못했는지는 중요하지 않습니다. 일단 갈등은 피하고 봐야 합니다. 갈등은 그에게 견디기 어려운 두려움과 불안을 야기하기 때문이죠. 내 마음 속의 불안과 두려움 때문에 무조건 자세를 낮춰서라도 상황을 빨리 수습하고자 합니다.

다음으로는 관심에 대한 갈망도 작용합니다. 앞의 경우는 남을 기분 나쁘게 하지 않는 것이 심리적 기제였습니다. 그런데 이번 경우는 남을 즐겁게 하는 것이 심리 기제입니다. 항상 칭찬받고 싶어 하고 항상 좋은 사람으로 상대방의 기억에 남고 싶어 합니다. 인간에게는 '자서전적 기억'이라는 것이 있습니다. "나는 이런 사람이다, 나는 저런 사람이다"라는 자기 자신에 대한 확신과 느낌은 우리의 인격을 구성하는 대들보 같은 역할을 합니다. 그렇게 인격이라는 집이 존재하고 나서 나의 관점에서 타인을 바라보고 평가하게 됩니다. 그런데 반대의 경우가 있습니다. 남의 시선과 남의 관심을 통해서 자신을 바라보고 평가하는 것이죠. 나의 존재가 미약합니다. 그렇기 때문에 남들이 나를 나쁘게 보면 내가 나쁜 사람인 것 같습니다. 남들이 나를 좋게 보면 내가 좋은 사람인 것 같습니다. 자신이 괜찮고 좋은 사람이라는 느낌을 유지하기 위해서는 항상 남에게 잘해야만 하죠. 따라서 항상 미안하다고 하고, 양보하고, 착한 사람이어야만 합니다.

거절에 대한 민감도Rejection sensitivity가 너무 극단적인 경우도 타인에 대해서 항상 신경을 쓰곤 합니다. 영화에 보면 연인과 이별한 다음에 손목을 긋고 자살을 시도하는 장면이 나옵니다. 그런데 환자분들을 뵙다 보면 실제로 누군가로부터 버림받는다는 두려움 때문에 자해를 하는 분들을 만나게 됩니다. 헤어지려고 하는 상대방을 잡기 위해서 자살하려는 모습을 보이는 것이라고 오해를 받기도 합니다. 물론 그런 경우도 있기는 하겠지만 헤어짐에 대한 두려움 때문에 자해를 하는 경우 그 안에는 분노, 슬픔, 외로움이 합쳐진 강렬한 감정이 있습니다. 거절당하는 것이 두려운 경우 헤어짐을 피하기 위해서 무조건적으로 잘못했다고 하고, 사과를 합니다. 용서를 구걸하기도 합니다. 그렇게 함으로 상대방이 나를 버리는 일이 없게끔 하려고 하는 것이지요.

남이 나를 싫어하면 어떻게 하나, 남이 나를 미워하면 어떻게 하나 자신이 지나치게 신경을 쓰는 유형은 다음 세 가지를 유념해야 합니다. 일단 자기 마음속의 불안과 두려움을 직면해야 합니다. 어렸을 때는 나를 키워주는 이들 앞에서 나라는 존재는 너무나 미약했습니다. 하지만 어른이 된 지금 나는 그때같이 약하지 않습니다. 내 마음 속 두려움, 공포, 불안이 비현실적으로 과장되었다는 것을 잊지 맙시다. 이제 성장한 지금 남들은 나를 쉽게 건드릴 수 없습니다. 그들은 나에게 함부로 이래라저래라 할 수 없습니다. 나를 있는 그대로 사랑합시다. 남의 말에 일희일비하지 맙시다. 내가 나 자신에 대해서 평가하는 것보다는 훨씬 더 나는 존재감이 크다는 사실을 기억합시다. 그러면서 내가 가고 싶은 곳에 가고, 내가 먹고 싶은 것을 먹고, 내가 보고 싶은 것을 보면서 주도적으로 나 자신을 만들어갑시다. 그러다 보면 남의 시선이 조금씩 덜 중요하게 될 것입니다. 그리고 인생을 살면서 나를 구해줄 이, 나를 도와줄 이, 나를 지켜줄 이를 찾는 의존적인 태도를 버립시다. 국가 간의 관계에서 적어도 내 나라는 내가 지킬 수 있는 국방력이 있을 때 제대로 된 외교가 가능합니다. 대인관계에서도 마찬가지입니다. 내가 나를 스스로 지킬 수 있어야 합니다. 즉 오가는 것이 있어야 합니다. 나를 지켜주고, 보호해주고, 도와줄 우월한 존재를 찾아 헤매지 맙시다. 나도 필요할 때 상대방을 지켜주고, 보호해주고, 도와줄 최소한도의 힘이 있어야 존중받고 존중하는 관계를 이어갈 수 있습니다.

Q.중독 건강이 많이 나빠졌지만 술과 담배를 끊는 것이 너무 어렵습니다.

담배를 끊어야지, 술을 끊어야지 결심을 하지만 이런 결심은 대부분 실패합니다. 습관이라는 것을 너무 얕잡아보기 때문입니다. 사람들은 왜 나쁜 습관이 생겼는지에 대해서는 생각하지 않는 경향이 있습니다. 나쁜 것에도 다 존재이유가 있거든요. 담배를 피우는 이유는 뭘까요? 누구나 다 알다시피 담배에는 니코틴이라는 물질이 있습니다. 담배를 피우면 니코틴이 뇌에 영향을 주게 되는데 불안을 줄여줍니다. 그러다 보니 스트레스를 받으면 담배를 피우게 됩니다. 그리고 회사에서 일을 하다보면 답답해지는 순간이 있는데 그때 담배를 피우러 밖에 나오면서 바깥바람을 쐬게 됩니다. 그러면 답답한 마음이 풀립니다. 그리고 낯가림이 있어서 선뜻 사람들에게 말을 걸지 못하는 이들도 담배를 피우다 보면 자연스레 잡담을 하는 동료들이 생깁니다. 그럼 담배를 끊게 될 경우 어떻게 될까요? 우선 불안할 때 할 수 있는 것이 없습니다. 바깥바람을 쐴 핑계가 사라집니다. 잡담할 사람도 없어집니다. 그런데 앞서 담배가 불안을 줄여준다고 했던 것을 기억하시지요. 만약 담배를 갑자기 끊으면 불안이 더욱 심해집니다. 따라서 담배를 끊고자 한다면 우선 불안을 줄일 도구를 마련해야 합니다. 담배를 피우지 않더라도 바깥바람을 쐴 핑계를 마련해야 합니다. 그리고 담배를 끊더라도 잡담할 사람이 있어야 하는 것이지요.

술 역시 마찬가지입니다. 우울증에 걸리면 밤에 잠이 오지 않고 불안해져서 술을 마시는 분이 있습니다. 그런 분이 갑자기 술을 끊으면 견딜 수 없습니다. 불면증을 야기하는 우울증을 치료하지 않는 한 술을 끊을 수 없습니다. 그리고 술을 계속 마시다보면 나중에는 몸에서 술을 원하게 됩니다. 술을 마시지 않으면 무기력해져서 아무 것도 할 수 없습니다. 마찬가지로 술에 중독되면 술을 마시지 않으면 무기력해져서 아무것도 할 수 없습니다. 아침에 숙취인 상태에서 깨어나면 술을 끊어야지 생각합니다. 하지만 밤에 자신도 모르게 술을 찾게 됩니다. 그리고 매일 저녁 술자리에서 친구들과 어울리던 이들은 술을 마시지 않으면 너무나 심심해합니다. 알코올 금단증상을 치료하기 위해서 약물을 복용하고, 술을 마시던 시간을 다른 것으로 대치하지 않는 한 단지 의지만으로 술을 끊을 수는 없습니다.

그리고 습관적으로 술을 마시는 사람이 술을 적당히 조절하는 것은 거의 불가능합니다. 술이 뇌에 어떻게 작용하는지는 사람마다 다릅니다. 그런데 일단 한 잔이라도 술이 입에 들어가면 끝장을 봐야하는 뇌를 지니고 태어난 사람이 있습니다. 하루를 안 마시면 안 마셨지 적당히 줄여 마신다는 것은 불가능하죠. 따라서 조금이라도 술을 줄이고 싶다면 절대 술을 마시지 않는 요일을 하나 정하는 편이 도움이 될 것입니다. 예를 들어 수요일은 무슨 일이 있어도 술을 마시지 않습니다. 어쩔 수 없는 술자리니까 이번 주에는 수요일에 마시고 목요일에 안 마셔야지 하는 식으로 예외를 만들면 안 됩니다. 그러다 보면 도로아미타불이 되는 것이죠. 무슨 일이 있어도 수요일에는 술을 마시면 안 됩니다. 매일 술을 마시던 사람이 일주일에 한 번만 안 마셔도 훨씬 컨디션이 좋아집니다. 만약 수요일에 술을 안 마시는 것이 익숙해지면 그때는 술을 안 마시는 요일을 하루 더 늘립니다. 예를 들어 월요일과 수요일 이틀은 절대로 술을 마시지 않는 것입니다. 그렇게 하다 보면 술을 안 마시는 날이 늘어납니다.

그리고 술친구들과 어울리는 한 술을 끊을 수 없습니다. 술을 마시는 친구들을 만나면서 나는 술을 안 마시겠다는 것은 불가능합니다. 한 두 번은 가능할지 모르지만 언젠가는 다시 마시게 되어 있습니다. 자체 금주 요일에는 술 모임 자체를 피해야 합니다. 그리고 매일 술을 마시던 사람이 술을 안 마시면 시간이 안 갑니다. 지루하고 심심합니다. 따라서 술을 마시던 시간을 다른 일정으로 대치해야 합니다. 만약 매일 퇴근 후 저녁 때 술을 마시곤 했다면 퇴근 후에 학원에 가서 뭔가를 공부하거나 영화를 보는 등 그 시간에 뭔가를 해야 합니다. 집에 일찍 들어와서 아무 것도 안 하다 보면 자연스레 다시 술을 마시게 될 것입니다. 이렇게 조금씩 술 마셨던 시간에 다른 일에 몰두하는 습관을 가져보시길 바랍니다. 어느 순간 자연스럽게 술과 멀어져 있을 것입니다.

Q. 공격성 충동 평소엔 얌전하고 조용한데 운전만 하면 난폭운전을 합니다.

인간이 공격성을 억제하게 되는 이유는 신체적인 한계 때문입니다. 몸싸움에서 상대방을 압도할 자신이 없기에 공격적인 행동을 자제하는 것이지요. 그런데 자동차는 그런 신체적인 한계가 없습니다. 자동차가 빠르고 클수록 더 강하다고 느낍니다. 그리고 운전대만 잡으면 난폭해지는 이들은 자신의 운전 실력을 과대평가하는 경향이 있습니다. 그렇기 때문에 자신의 질주본능을 억제하지 못하고 난폭운전을 하고는 합니다.

누가 나를 괴롭히더라도 우리가 복수를 하지 못하고 자제하는 이유는 겁이 나서입니다. 상대방을 때리려다가 맞을까 봐 걱정이 됩니다. 그리고 누가 나에게 싫은 말을 했는데 기분 나쁘다는 이유로 누군가를 때리면 법적 처벌을 받는다는 것은 누구나 명확하게 압니다. 그런데 자동차를 타고 있을 때는 액셀러레이터를 밟는 대로 빨리 가고 핸들을 돌리는 대로 움직이니까 차만 크고 빠르면 자신이 힘이 센 것처럼 느끼고 보복의 쾌감을 느끼게 됩니다. 그리고 자신이 보복 운전을 해도 '설마 사고가 나겠어?'라고 생각을 하고 사고만 나지 않으면 법적 처벌을 받지 않을 것이라고 생각하고는 합니다.

화가 나거나 난폭 운전을 하고 싶은 충동을 느끼게 되면 운전을 멈추는 것이 가장 근본적인 방법입니다. 운전자를 바꾸는 것도 방법입니다. 커피를 마시건 물을 마시건 무언가를 마시면 분노가 다소 가라 앉습니다. 음악을 크게 틀어 화가 난 생각에서 다른 것으로 주의를 분산시키는 것도 방법 중 하나입니다. 핸즈프리를 사용하고 있는 경우 누군가에게 전화를 해서 방금 있었던 화가 난 상황에 대해서 얘기하다 보면 분노가 가라앉습니다. 운전으로 억눌린 감정을 풀려고 하지 말고 근본적인 공격성을 다스리는 방안을 고민해봅시다.

Q. 쇼핑중독 얼마를 썼는지 생각하지 않고 열심히 카드를 긁어서 늘 빚에 시달리고 있습니다.

우선 상품에 접근하지 못하도록 스스로를 막는 게 중요합니다. 가급적 쇼핑을 불편하게 해야 합니다. 일단 신용카드는 없애야 합니다. 현금을 사용해야 합니다. 스마트폰에서 온라인 쇼핑몰과 관련된 애플리케이션은 없애야 합니다. 가능하다면 그냥 구식 피처폰을 쓰는 것도 고려해야 합니다. 인터넷 즐겨찾기에서 쇼핑몰은 없애길 권합니다. 그리고 혹시 쇼핑몰에 관심 상품으로 보관함에 올려놓은 것도 지워버리세요. 가능하다면 쇼핑몰 자체에서 회원 탈퇴를 하는 것이 좋습니다. 회원가입을 다시 하려면 귀찮기 때문입니다. 진짜 자신이 심각한 쇼핑중독이라고 여겨지면 인터넷도 중단해야 합니다. 그리고 백화점을 비롯한 오프라인 매장에 방문하면 안 됩니다. 제가 아는 분 중에는 쇼핑중독이 너무 심해 시골로 이사를 가버린 분도 있습니다.

그런데 쇼핑중독을 막기 위해서는 이러한 구체적 노력을 뒷받침해주는 마음의 변화가 있어야 합니다. 흔히 쇼핑중독이라고 하면 '물건을 사는 것이 즐거우니까'라고 생각을 합니다. 하지만 그렇게 따지면 물건을 사자마자 반품하면 됩니다. '그저 물건을 사는 것이 즐거우니까' 라는 말로는 쇼핑중독이 다 설명이 되지 않습니다. 쇼핑중독과 연관된 심리적 기제는 다음과 같습니다. 소유하고 싶어서, 자랑하고 싶어서, 심심과 권태를 잊기 위해서 쇼핑을 합니다. 세 가지 심리기제가 때로는 단독으로 때로는 동시에 작용을 합니다.

1) 소유욕

무언가를 소유하면 우리는 행복해집니다. 음식을 먹을 때 행복해지는 것과 어떤 점에서 유사합니다. 과거 인류는 항상 음식물이 부족해서, 뭔가 먹을 기회가 생기면 그때 왕창 먹어야 했습니다. 그리고 나중에 없어질지도 모른다는 생각에서 필요 이상으로 모아두게 됩니다. 이런 패턴은 현재 쇼핑중독에 빠진 사람의 심리와 비슷하다고 할 수도 있습니다. 눈앞에 갖고 싶은 것이 나타났을 때, 욕망의 대상이 생기면 안 사고 참는 것이 어렵습니다. 시간이 지나면 욕망이 사그라진다는 것을 알지만 그것에 대한 욕구가 충동적으로 커져서 참기가 쉽지 않습니다. 지금 갖지 않으면 안 될 것 같은 불안감이 더욱 욕구를 충동질합니다.

하지만 물건을 소유하고자 하는 근본적 이유를 깨닫게 되면 소유욕을 참아내기가 훨씬 더 쉽습니다. 예를 들어봅시다. 예쁜 속옷만 보면 참지 못하고 사는 여성이 있었습니다. 그녀는 항상 속옷을 왕창 사와서 집에서 입어보고는 후회를 했습니다. 그렇게 필요 이상으로 속옷을 사서 모으던 그녀는 어느 날 깨닫게 되었습니다. 자신이 원하는 것은 결국 속옷이 아니라 그 속옷을 입고 등장하는 모델의 아름다운 몸매라는 것을요. 아무리 예쁘고 값비싼 속옷을 샀더라도 자신의 몸매는 그대로였던 것입니다. 그녀는 그 다음부터 속옷 구매를 멈췄습니다.

또 다른 예시를 들어볼까요? 어떤 이는 어렸을 적에 집이 굉장히 부유했습니다. 그러다가 그가 중학교 때 집이 몰락했습니다. 나중에 성인이 되어서 돈을 벌면서 그는 필요하지도 않은 이런 저런 사치품을 자꾸 사서 집을 장식하는 버릇이 생겼습니다. 그런데 나중에 그는 깨닫게 되었습니다. 결국 자신이 자꾸 사게 되는 이유가 중학교 때 집이 몰락하면서 모든 것을 빼앗긴 데서 오는 보상심리라는 것을요. 그의 가족은 값비싼 가전제품, 가구, 그림, 골동품을 모두 집에 놔두고 몸만 겨우 빠져나왔습니다. 그리고 부모님이 빚쟁이에게 쫓겨 다녀서 그는 친척집을 전전하면서 서러움을 많이 겪었습니다. 그때의 결핍이 지금도 무언가를 사서 집을 꾸미게 한다는 것을 깨닫게 된 후 그는 소비의 상당부분을 줄일 수 있었습니다.

2) 자랑하고 싶은 마음

소비의 상당부분은 남에게 보여주기 위해서 이루어집니다. 남에게 내가 가진 물건을 보여주면 그들이 부러워할 것이라고 생각합니다. 남이 부러워서 물건을 사서 꾸미고 남들은 나를 보면서 또 부러워하고…. 그렇게 자본주의 사회는 끝이 없는 소비의 카르마를 통해서 돌아갑니다. 내 명품 가방, 내 명품 옷, 내 고급외제차, 내 명품시계를 남들이 보면 부러워할 것이라는 상상을 통해서 열등감을 극복하고자 하는 것입니다. 이렇게 남들에게 신경을 쓰는 것은 결국 나 스스로 나를 변변치 않은 인물로 생각하기 때문입니다. 있는 그대로 내가 나를 사랑하지 못하기 때문에 못난 나를 이런저런 물건으로 포장하려고 하는 것입니다. 이렇게 자랑하기 위해서 혹은 없어 보이지 않기 위해서 물건을 사는 마음은 결국 누군가를 부러워하기 때문에 혹은 누군가로부터 무시당하지 않고자 하는 마음에서 비롯됩니다. 따라서 이런 마음을 진정시키기 위해서는 마음이 단단해질 때까지 나에게 무언가를 자랑하는 이들, 내가 부러워하는 이들을 가급적 만나지 말아야 합니다. 흔히들 마음을 수련해서 열등감을 극복해야 한다고 합니다. 하지만 아무리 마음을 수련하려고 하더라도 자꾸 나보다 잘난 사람들을 대하다 보면 열등감이 또다시 고개를 들 것입니다. 따라서 나보다 잘난 사람들을 가급적이면 만나지 말아야 합니다. 나를 있는 그대로 사랑해주고 아껴주는 이들을 만나면서 자존감을 회복하고 나 스스로에 대한 확신을 키워야 합니다.

3) 심심과 권태

인간은 심심하면 뭔가 해야 합니다. 심심하면 누구는 수다를 떨고, 누구는 군것질을 하고, 누구는 TV를 보고, 누구는 인터넷을 하고, 누구는 쇼핑을 합니다. 따라서 쇼핑중독의 경우 일단 바쁘게 일하는 것이 중요합니다. 그동안 써버린 카드 값을 메우기 위해서라도 바쁘게 일을 해야 하겠지만 사람이 열심히 일하다 보면 쇼핑할 시간도 없게됩니다. 수입이 적건 많건 상관없습니다. 설혹 돈을 안 벌어도 됩니다. 정신없이 바쁘게 생활하다 보면 쇼핑으로부터 멀어지게 될 수밖에 없습니다.

이런 세 가지 심리기제 중에서 나에게는 어떤 심리가 크게 작동하는지 살펴봅시다. 그리고 냉정하게 평가해보고 스스로 조절이 되지 않는 가장 약한 부분과 조금씩 거리를 두고 지냅시다. 쇼핑중독도 결국 마음의 병이라는 것을 잊지 마시고 자기조절이 안 되는 마음을 잘 다스릴 수 있길 바랍니다.

Q. 과잉조절 평소에 사람들 앞에서 나의 진짜 모습을 억누르고 가식적으로 사람들을 대합니다.

심리학에는 '성격 갑옷'이라는 표현이 있습니다. 당신의 성격은 외부의 자극으로부터 당신을 보호하는 일종의 갑옷 역할을 하는 것입니다. 이러한 갑옷은 한때 당신을 외부의 심리적 위협으로부터 당신의 마음을 보호했습니다. 감정을 표현하지 않는 것이 당신이 살아남는 길이었습니다. 사극에 등장하는 근엄한 모습을 보이게 되는 것입니다. 운동 선수들의 포커페이스도 사실 알고 보면 감정을 드러내지 않는 갑옷입니다. 그런데 운동을 할 때나 안 할 때나 똑같이 감정을 드러내지 않는 표정만 짓는다면 그것은 포커페이스가 아닌 성격 갑옷을 벗지 못하는 것입니다. 어렸을 때는 성격 갑옷이 꼭 필요했습니다. 그런데 나이도 들고 성인이 되어서 자아가 성장하면 성격 갑옷이 오히려 불편해집니다. 성격 갑옷을 벗어야 할 때는 벗어야 하는데 벗지 못하는 것입니다. 그런데 사람이 변하기는 쉽지 않습니다. 조금씩 작게 시작하는 것이 필요합니다. 처음부터 낯선 사람들에게 성격 갑옷을 벗고 속내를 드러내기란 불가능합니다. 일단 혼자 있을 때만이라도 조금은 마음 편하게 지내봅시다. 적어도 혼자 있을 때는 내 마음대로 내가 먹고 싶은 것을 먹고, 내가 보고 싶은 것을 보고, 내가 하고 싶은 대로 지냅시다. 다음에는 진짜 신뢰할 수 있는 한 사람이 필요합니다. 적어도 그 사람 앞에서는 성격 갑옷을 벗고 진짜 내 마음을 표현해 봅시다. 그러다 보면 점차 그 대상이 늘어나게 됩니다. 리액션을 연습하는 것도 도움이 됩니다. 항상 친절해야 한다는 강박관념이 있다면 이제부터는 조금은 덜 친절해지도록 연습해봅시다. 반대로 너무 근엄한 나 자신이 싫다면 언제든지 써먹을 수 있게 웃는 표정을 연습해서 익혀봅시다.

Q. 자기통제 자녀들을 엄격하게 키우면 자기 통제력이 강해지고 훌륭하게 자랄지 궁금합니다.

자녀들을 엄격하게 대한다는 것은 대체적으로 자녀가 부모 뜻대로 되지 않는다는 것을 의미합니다. 만약 자녀가 알아서 자기조절을 잘 한다면 부모가 엄격하게 대할 필요가 없지요. 그냥 칭찬만 할 것입니다. 그런데 많은 부모들은 자녀가 자기통제를 노력하면 할 수 있는데 안 한다고 생각을 합니다. 할 수 있는데 안 하기 때문에 엄격하게 대하면 노력해서 하게 될 것이라고 잘못 생각합니다. 하지만 많은 아이들은 안 하는 것이 아니라 못하는 것입니다. 부모가 보기에는 아이가 말도 알아듣고 고개도 끄덕이니 뭐가 되었건 할 수 있을 것 같다고 생각을 합니다. 하지만 인간의 두뇌는 성인이 되어서도 계속 발달을 합니다. 아동기의 자녀뿐 아니라 청소년인 자녀도 완벽하지 않습니다. 따라서 자기조절은 청소년에게 있어 쉽지 않은 단계입니다. 그런데 그런 청소년에게 완벽함을 요구하다 보면 갈등이 발생할 수밖에 없습니다. 그러다 보니 엄격함은 대부분 훈육, 잔소리, 야단, 체벌을 동반합니다. 이렇게 부모로부터 계속 훈육을 받고 자란 아이들은 나이가 들어서도 남을 본인 뜻대로 주무르려는 경향이 있습니다. 소위 꼰대

기질이 생기고 자기통제가 안 되는 것이지요. 부모에게 잔소리를 심하게 듣고 자란 아이들은 나이가 들어서도 남에게 잔소리하는 부분이 자기통제가 안 됩니다. 쓸데없이 잔소리를 해서 사람들의 기피대상이 됩니다. 부모가 되어서 계속 잔소리를 하면 자기 자식들도 부모를 멀리하게 되죠. 어려서부터 야단맞고 자란 이들은 나이가 들어서 버럭 소리를 지르고 화를 냅니다. 감정의 자기통제가 안 되는 것입니다. 어려서부터 체벌을 받고 자란 이들은 가장 끔찍한 결과를 맞게 됩니다. 또 반대로 드러내놓고 반항하지 못하는 아이들은 앞에선 부모의 뜻을 잘 받아들이는 것처럼 보이지만 뒤로는 딴 짓을 할 수도 있습니다. 이런 경우를 심리학에서는 '수동공격적 성격passive-aggressive'이라고 표현합니다. 겉으로는 유순하고 수동적으로 보이지만 결과적으로는 아닌 것입니다. 이런 태도가 몸에 배이게 되면 어른이 되어서도 곤란한 일 앞에선 게으름을 피우고 일을 하지 않는 회피성 행동을 하기 쉽습니다. 갑자기 잠수를 탄다거나 일을 안 한 것에 대해 말도 안 되는 이유를 대고 주변 사람들을 곤란하게 만들 수 있습니다. 부모가 너무 엄격하다보면 싫은 티를 못 내고 하는 척 하면서 정작 하지는 않고 점차 자기조절이 안 되는 게으른 사람이 되고야 마는 것입니다. 엄격함의 정도가 심해지면 이런 부작용을 초래할 수 있으니 조심해야 합니다.

Q. 집중력 조절 공부하려고 책상에 앉으면 늘 딴생각을 하거나 산만해져서 공부에 집중이 안 됩니다.

많은 학생들이 느끼고 경험하는 고민일 것 같습니다. 누구나 공부에 집중하기가 쉽지는 않죠. 집중력을 내가 원하는 대로 조절하고 싶다면 어느 정도의 요령이 필요합니다. 처음 공부를 시작할 때는 지루한 과목보다 내가 흥미 있는 것으로 공부를 시작하는 것이 좋습니다. 그러다가 어느 정도 집중이 되면 그때는 조금 억지로 해야 하는 과목으로 바꿔보세요. 그리고 하루에 죽어라고 한 과목을 파는 것보다는 1시간이나 2시간 간격으로 과목을 바꾸는 것이 바람직합니다. 앞서 언급했듯이 지겨운 것과 지겹지 않은 과목을 교대로 공부하면 지루함을 견디기가 용이할 것입니다. 어려운 단어를 암기하거나 수학 문제를 풀거나, 고도의 이해력과 집중력을 요하는 공부를 하다가 지치면 그때는 인터넷 강의를 듣는 등 수동적인 공부로 전환을 해보시길 권합니다. 아울러 억지로 외워도 이틀이 지나면 대부분의 내용은 잊어버리기 쉽습니다. 따라서 어떤 내용을 하루 10시간을 죽어라 외우는 것보다는 일주일 간격으로 일주일에 한 번, 한 번에 한 시간씩 열 번을 주의 깊게 읽는 쪽이 암기에 도움이 됩니다. 잊어버릴 때쯤 다시 반복하다 보면 자신도 모르게 장기기억으로 저장이 될 것입니다. 책상 앞에서 성공적으로 나를 조절하고 싶다면 나에게 맞는 요령과 방법을 잘 적용해보기 바랍니다.

epilogue

인생을 살다보면 우리는 수시로 이런저런 결심을 하게 된다. 담배를 끊어야지, 술을 끊어야지, 살을 빼야지, 운동을 해야지 등의 결심을 한다. 그런데 이런 결심은 대부분 실패한다. 습관이라는 것을 너무 얕잡아보기 때문이다. 사람들은 왜 나쁜 습관이 생겼는지에 대해서는 생각하지 않는 경향이 있다.

매번 실패하면서도 반복적으로 결심을 하는 이유는 뭘까? 아마 자존감 때문일 것이다. 심리학에는 '자존감 계측기'라는 용어가 있다. 사람들은 자신이 '자존감이 낮아서 문제'라고 생각한다. 그래서 자존감이 낮아서 시험을 망치고, 좋은 회사에 못 들어가고, 좋은 사람을 못 만난다고 생각한다. 하지만 사실은 어떨까? 시험을 망치고, 좋은 회사에도 못 들어가고, 연애도 못한다면 자존감이 높아질 수 있을까? 아마 불가능할 것이다. 만약 왜 그것밖에 못하느냐고 질책하는 부모와 상사에게 둘러싸여 있으면 아무리 자존감에 대한 좋은 책을 읽고 자존감에 대한 강의를 들어도 그때뿐이다. 앞서 언급한 좋은 성적, 좋은 회사, 좋은 연인은 사람들이 일반적으로 생각하는 자존감 계측기다.

　사람들은 자기조절에 성공할수록 자존감이 올라가고, 자기조절에 실패할수록 자존감이 낮아지는 성향이 있다. 그러다 보니 그동안 자기조절에 실패하던 영역에 도전해서 자존감을 만회하고자 하는 성향이 있다. 항상 금연에 실패하던 사람은 금연에 성공하면 나도 뭔가 해냈다는 생각이 들면서 자존감이 올라간다. 술을 끊는 것에 실패했던 사람이 단주에 성공하면 '나는 한다면 하는 사람이다'라는 생각이 들면서 자존감이 올라간다. 먹는 것을 절제하지 못해서 살이 찐 사람이 다이어트에 성공하면 자기조절에 성공했다는 생각이 들면서 자존감이 올라가게 된다. 건강한 습관을 지키느냐 못 지키느냐는 결국 자존감의 문제이고 삶의 주도권 문제인 것이다. 건강한 습관을 못 지키면 그만큼 자존감이 낮아지고 건강한 습관을 지키면 그만큼 자존감이 올라가게 된다. 습관과 목표를 자기 통제력의 측정도구로 사용하게 되는 것이다. 그렇다면 어떻게 해야 자기조절에 성공할 수 있을까?

1. 진정한 변화를 위한 동기부여가 필요하다

사람은 자신에게 즐거움을 주는 것을 더 열심히 하기 마련이고 괴로움을 주는 것을 피하기 마련이다. 체중을 줄이기 위해서는 먹는 즐거움을 포기해야 한다. 그리고 만약 다이어트를 위해서 굶는 경우 허기짐이라는 괴로움을 감수해야 한다. 그런데 우리 육체는 즐거움을 좋아하고 괴로움을 피하고자 한다. 다이어트는 인간의 본능에 역행하는 행동이다. 예뻐졌다는 얘기를 듣기 위해 열심히 체중을 감량했는데 주위에서 도리어 어디 아프냐는 말을 듣는 경우도 있다. 통통했던 옛날이 더 좋았다는 말을 듣기도 한다. 나는 체중을 자존감 계측기로 사용하는데 타인은 체중이 아닌 다른 것들을 가지고 나를 평가하는 경우가 종종 있다. 이런 경우 체중을 줄여도 사람들이 나를 대하는 것이 변하지 않는 경우, 도대체 내가 왜 다이어트를 하는 것이지 하는 생각이 들면서 무너지게 된다. 동기부여가 되지 않는 습관은 유지하기 어렵다. 술이나 담배의 경우도 마찬가지다. 술 마시고 담배 피우는 것을 좋아하는 사람이 주위에서 하지 말라고 해서 억지로 술을 끊고 담배를 끊고자 하는 경우 역시 동기부여가 부족하기 때문에 실패할 확률이 높다.

2. 감정을 다스려야 자기조절이 가능하다

10년 넘게 담배를 끊었던 사람이 직장을 옮긴 후 극도의 스트레스를 받고 다시 담배를 피우는 경우가 있다. 1년이 넘게 술을 끊고 지내던 이가 불행한 일을 당하고 난 후 다시 술을 입에 대기도 한다. 다이어트의 경우도 마찬가지다. 다이어트를 위해 식사량을 줄인다 하지만 정작 나를 살찌게 하는 것들은 심심할 때 나도 모르게 먹게 되는 과자, 외로울 때 먹게 되는 달콤한 케이크, 직장에서 힘든 일을 마치고 텅 빈 방에 들어와 시켜 먹게 되는 야식이 문제일 수 있다. 그리고 술을 즐기는 이들의 경우 체중증가의 가장 큰 요인은 친구들과 함께 마시게 되는 술자리다. 술자리의 분위기에 취해서 술을 마시다 보면 지난 한 주간 굶은 것이 아무 소용도 없게 된다. 따라서 건강한 습관을 유지하고 싶다면 나를 감정적으로 취약한 상태에 방치해서는 안 된다. 음주가 되었건, 폭식이 되었건 나쁜 습관을 멀리하고 싶다면 시간을 지배하고 마음을 다스릴 줄 알아야 한다. 그리고 유혹에 빠질 상황과 사람들로부터 멀어지는 것도 필요하다.

3. 사람의 의지는 약하기에 더 이상 나를 믿지 말자

사람의 의지는 생각보다 매우 약하다. 그런데 자신의 의지로 질병을 극복하겠다는 분들이 의외로 많다. 약을 먹고 건강한 상태를 유지하는 것은 건강한 것이 아니라고 생각을 한다. 자신의 의지로 혈압과 콜레스테롤 수치를 낮추고, 혈당수치를 낮춰야 온전히 건강하다고 생각한다. 그러면서 약을 먹었다 끊었다하기를 반복한다. 건강한 습관

역시 마찬가지다. 담배를 끊건, 술을 끊건, 폭식을 중단하건 평생을 살아오면서 자기의지로 안 되던 것이 올해부터 갑자기 자신의 의지로 가능해질 리가 없다. 자신의 의지를 과도하게 믿는 것은 일종의 자기기만이다. 만약에 진정 나쁜 습관을 버릴 의지가 있다면 적절한 도움을 받아야 한다. 도움을 거부하면서 자신의 의지만으로 나쁜 습관을 없앨 수 있다고 반복적으로 주장하는 이들은 어쩌면 무의식적으로 나쁜 습관을 버리고 싶지 않은 것일 수 있다. 정말 나쁜 습관을 버리고 싶다면 타인의 적절한 도움을 받아야 한다. 그리고 가능하다면 유혹을 멀리하도록 환경을 바꿔야 한다. 자신을 유혹에 노출시키면서 자기 의지로 유혹을 극복할 수 있다는 것 역시 자기기만이다. 담배를 끊고 싶다면 담배를 들고 다니지 말아야 한다. 술을 끊고 싶다면 술친구를 멀리해야 한다. 폭식을 줄이고 싶다면 감정적인 식사를 야기하는 스트레스를 멀리해야 한다.

4. 실행 가능한 현실적인 목표를 세워야 한다

사람에게는 자신이 잘하는 것은 쓸모없다고 생각하면서 방치하고, 자신이 못하는 것에 대해서는 언젠가 성공하고 말겠다며 집착하는 습성이 있다. 왜 반대로 하지 못하는 것일까? 왜 우리가 잘하는 것을 사랑하고 우리가 못하는 것을 포기하지 못하는 것일까? 내가 잘하는 것을 자랑스러워하고 내가 못하는 것은 포기하면 우리는 행복하게 살 수 있다. 하지만 우리는 반대로 살아갈 때가 많다. 내가 잘하는 것을 포기하고 싶어 하고, 내가 못하는 것을 잘하고자 한다. 하지만 그렇게 하지 말아야 한다. 내가 못하는 것을 나의 자존감 계측기로 사용하면 실패는 반복되고 삶은 비참해진다. 내가 잘하는 것을 나의 자존감 계측기로 사용하길 권한다. 그러면 틀림없이 자기조절에 성공할 수 있을 것이다.

이 책에서는 나의 자존감을 진단하고, 내 안의 문제를 올바로 파악해서 건강한 자기조절력을 키울 수 있는 방법들을 다루었다. 독자 여러분께도 많은 도움이 되면 좋겠다. 결국 나를 얼마나 잘 조절할 수 있느냐가 성공적으로 인생을 행복하고 즐겁게 살 수 있는지에 대한 척도가 될 수 있다. 그러니 이제 무리해서 세운 목표나 타인을 따라 세운 목표는 접어버리고 내가 정말 잘할 수 있는 것을 목표 삼아 자기 성취를 한 단계씩 끌어올려 보길 권한다. 자기조절은 그런 작은 성취가 조금씩 쌓여 단단한 근육이 생기기 마련이니 말이다.

현실 상황이 어떻건 내 평판이 어떻건 내 실력이 어떻건, 그 현실을 객관적으로 바라보고 문제를 직시하고 나 스스로를 어떻게 조절하면서 살아야 하는지 답을 구하며 살아간다면, 성공적인 결말이 있는 인생을 살아갈 것이다. 상황과 환경에 관계없이 자기조절에 성공하는 삶을 산다면 어떤 상황이건 유연하게 받아들이고 목표를 이루는 현명한 방법을 찾을 수 있을 것이다. 상황이 잘 풀리지 않는다고 작심삼일로 끝난다고 그대로 주저앉기보다 용기를 내어 돌파구를 찾을 때 가장 먼저 정비해야 할 부분이 자기조절에 대한 것이기 때문이다.

스스로 자기조절이 안 된다고 여기는 이들은 먼저 유혹을 참을 수 있는 장치를 마련해서 스스로 약점을 잘 극복하게끔 환경 설정을 하길 바란다. 자기조절, 자기 통제의 근육은 생각보다 쉽게 단단해질 수 있다. 이 책을 읽는 여러분들이 정답은 아니지만 문제를 해결하는 작은 돌파구라도 얻길 바라는 마음에서, 인생의 멋진 조각가로 성공하길 바라는 마음에서, 자기조절을 통해 한 점 차이로 이기는 삶을 살아가게 되기를 기원한다.

작은 성취가
인생의 큰 기폭제가
될 수 있길 바라며
최명기

결심만 하는 당신에게

ⓒ 최명기, 2018

2018년 7월 10일 초판 1쇄 인쇄
2018년 7월 16일 초판 1쇄 발행

지은이 | 최명기
발행인 | 이원주
책임편집 | 이영인
책임마케팅 | 홍태형

발행처 | (주)시공사
출판등록 | 1989년 5월 10일(제3-248호)
브랜드 | 알키

주소 | 서울시 서초구 사임당로 82(우편번호 06641)
전화 | 편집(02)2046-2864 · 마케팅(02)2046-2846
팩스 | 편집 · 마케팅(02)585-1755
홈페이지 | www.sigongsa.com

ISBN 978-89-527-9135-1   03320

도서의 국립중앙도서관 출판예정도서목록(CIP)은 서지정보유통지원시스템 홈페이지(http://seoji.nl.go.
kr)와 국가자료공동목록시스템(http://www.nl.go.kr/kolisnet)에서 이용하실 수 있습니다.(CIP제어번호:
CIP2018020873)